Heinz Giesen

# Unternehmenskultur. Schillerndes Phänomen oder harte Variable?

## Machbarkeit - Methoden - Manipulationen

GRIN Verlag

**Bibliografische Information der Deutschen Nationalbibliothek:**

Die Deutsche Bibliothek verzeichnet diese Publikation in der Deutschen National-bibliografie; detaillierte bibliografische Daten sind im Internet über http://dnb.d-nb.de/ abrufbar.

**Impressum:**

Copyright © 2006 GRIN Verlag GmbH
Druck und Bindung: Books on Demand GmbH, Norderstedt Germany
ISBN: 978-3-640-98943-0

**Dieses Buch bei GRIN:**

http://www.grin.com/de/e-book/177305/unternehmenskultur-schillerndes-phaeno-men-oder-harte-variable

# Unternehmenskultur

## Schillerndes Phänomen oder harte Variable ?
## Machbarkeit - Methoden - Manipulationen

Abschlussarbeit im Magisterstudiengang

angefertigt im Hauptstudium des Hauptfachs
Soziale Verhaltenswissenschaften

von

Heinz Giesen

Themenstellung : 12. Juli 2005
Eingereicht am  : 23. November 2005

# Gliederung

**1**      **Einleitung**      **5**

**2**      **Der Japan-Schock**      **7**

2.1      "...the Japanese know how to manage better..."      8

2.1.1      Kritik      9

2.2      The 7-s managerial molecule      9

2.2.1      Kritik      10

2.3      "Like a John Wayne or a Burt Reynolds in pinstripes..."      10

2.3.1      Kritik      12

2.4      "Do it, try it, fix it"      12

2.4.1      Methoden      13

2.4.2      Kritik      14

2.5      Zwischenfazit: Conclusio der vier Pioniere      14

**3**      **Unternehmenskultur – Ein neues Phänomen ?**      **15**

3.1      Die Human-Relations Bewegung      15

3.2      "Culture may be an idea whose time has come"      16

3.2.1      Ökonomische Ursachen      16

3.2.2      Gesellschaftlicher Wertewandel      16

3.3      Zweifel an Kontingenztheorien      17

3.4      Zwischenfazit: Die Renaissance der Unternehmenskultur      18

**4**      **Theoretische Grundlagen**      **18**

4.1      Ontologie      19

4.2      Epistemologie      19

4.3      Menschenbild      20

4.4      Methodologie      20

4.5      Zwischenfazit: Paradigmen der Sozialforschung      21

**5**      **Zwei Paradigmen und ihre Integration**      **22**

5.1      Objektivistischer Variablenansatz      22

5.1.1      Kritik      23

| 5.2 | Subjektivistischer Metaphernansatz | 24 |
| 5.2.1 | Kritik | 24 |
| 5.3 | Integrative Perspektive | 25 |
| 5.3.1 | Kritik | 26 |
| 5.4 | Zwischenfazit: Fortschritt durch Integration | 26 |
| **6** | **Definitionsversuch von Unternehmenskultur** | **26** |
| **7** | **Das Drei-Ebenen-Modell von E. Schein** | **28** |
| 7.1 | Die drei Ebenen: Artefakte – Werte - Grundannahmen | 28 |
| 7.1.1 | Artefakte (artifacts ) – sichtbar, aber schwer zu entschlüsseln | 29 |
| 7.1.2 | Bekundete Werte (values) – Basis für Problemlösungen | 29 |
| 7.1.3 | Grundlegende Annahmen (basic assumptions) – kulturelle Essenz | 29 |
| 7.2 | Sechs Kategorien als inhaltliche Schemata | 30 |
| 7.2.1 | Wirklichkeit und Wahrheit | 30 |
| 7.2.2 | Wesen der Zeit | 30 |
| 7.2.3 | Wesen des Raumes | 31 |
| 7.2.4 | Natur des Menschen | 31 |
| 7.2.5 | Das Wesen menschlicher Handlungen | 32 |
| 7.2.6 | Das Wesen menschlicher Beziehungen | 32 |
| 7.3 | Zwischenbilanz: Kategorien menschlicher Existenzbewältigung | 32 |
| 7.4 | Externe Adaption und interne Integration | 33 |
| 7.5 | Methoden zur Analyse | 33 |
| 7.5.1 | Methodologie der zehn Schritte | 34 |
| 7.5.2 | Methodik des Interviews | 35 |
| 7.6 | Kritik | 36 |
| **8** | **Unternehmenskultur als dynamisches Konstrukt** | **36** |
| 8.1 | Midrange Methodology | 37 |
| 8.2 | Kritik | 38 |
| **9** | **The Cultural Dynamics Model von Hatch** | **39** |
| 9.1 | Kreismodell und Transformationsprozesse | 39 |
| 9.1.1 | Proaktive Manifestation: Von Grundannahmen zu Werten | 40 |
| 9.1.2 | Retroaktive Manifestation: Von Werten zu Grundannahmen | 40 |

| | | |
|---|---|---|
| 9.1.3 | Proaktive Realisation: Von Werten zu Artefakten | 41 |
| 9.1.4 | Retroaktive Realisation: Von Artefakten zu Werten | 41 |
| 9.1.5 | Proaktive Symbolisation: Von Artefakten zu Symbolen | 41 |
| 9.1.6 | Retrospektive Symbolisation: Vom Symbol zum Artefakt | 42 |
| 9.1.7 | Prospektive Interpretation: Vom Symbol zur Grundannahme | 42 |
| 9.1.8 | Retrospektive Interpretation: Von der Grundannahme zum Symbol | 42 |
| 9.2 | Methoden – "The more deeply it goes the less complete it is" | 43 |
| 9.3 | Theorie der Ethnomethodologie | 44 |
| 9.4 | Kritik | 45 |
| | | |
| **10** | **Unternehmenskultur, Führung und Managementstrategien im Wandel** | **45** |
| 10.1 | Führung als soziales Phänomen | 46 |
| 10.2 | Managementstrategien zwischen Autonomie und Kontrolle | 46 |
| 10.3 | Der St. Gallener Organisationsansatz | 47 |
| 10.3.1 | Theoretische Grundlagen | 47 |
| 10.3.2 | Kritik | 48 |
| 10.3.3 | Capras "Wendezeit" | 49 |
| 10.3.4 | "Megatrends des Managements" | 49 |
| 10.3.5 | Normativ – strategisch – operativ | 50 |
| 10.3.6 | Kultur als Autopilot | 50 |
| 10.3.7 | Funktionalität von Subkulturen | 52 |
| | | |
| **11** | **Neue Führungskonzepte** | **53** |
| 11.1 | Attributionstheorien: Das Wahrnehmungsphänomen Führung | 53 |
| 11.1.1 | Conclusio | 55 |
| 11.2 | Interaktiv: Die Leader-Member-Exchange (LMX)-Theorie | 55 |
| 11.2.1 | Entwicklung des Rollenkonzepts | 56 |
| 11.2.2 | Conclusio | 56 |
| 11.3 | Transformationale Führung:"Die Sehnsucht nach dem endlosen weiten Meere | 57 |
| 11.3.1 | Charisma | 58 |
| 11.3.2 | Zwischenfazit: Motivation auf gesteigertem Niveau | 59 |
| 11.3.3 | Transformationale Führung, OCB und Stewardship-Modell | 59 |
| 11.3.4 | Conclusio | 61 |

11.4     Symbolische Führung: "Man kann nicht nicht symbolisch führen"     62

11.4.1   Symbolisierte Führung     62

11.4.2   Symbolisierende Führung     63

11.4.3   Sinnstiftung oder Manipulation?     63


**12       Vergleich mit verwandten Konzepten     64**

12.1     Unternehmenskultur und Corporate Identity     64

12.2     Unternehmenskultur und Organisationsklima     65

12.2.1   Objektivistischer organisationsbezogener Ansatz     65

12.2.2   Subjektivistischer personenbezogener Ansatz     66

12.2.3   Interaktionistisches Ansatz     66

12.2.3.1 Schneiders Climate Approach     67

12.3     Zwischenfazit     68


**13       Methoden zur Erfassung von Unternehmenskultur     69**

13.1     Erhebungsbogen zur Erfassung des Betriebsklimas (EEB)     69

13.2     Kulturfragebogen nach Sourisseaux     71

13.2.1   Darstellung der Facettentheorie in Grundzügen     71

13.2.2   Sourisseaux' Kulturfragebogen als Modifikation von Elizurs Konzept     74

13.2.3   Kritik     76

13.3     Kultur-Erhebung nach Gontard     77

13.3.1   Modifizierung des Mapping sentence     78

13.3.2   Entwicklung einer qualitativen Erhebung     78

13.3.3   Zur Theorie des qualitativen Interviews     79

13.3.3.1 Das problemzentrierte Interview als Form qualitativer Forschung     80

13.3.4   Datenerfassung     81

13.3.5   Auswertung     81

13.3.6   Gontards Leitfaden     82

13.4     Ausblick     83


**14       Conclusio     85**

# 1 Einleitung

"Angepackt" werden müsse noch vieles in diesem Sinne, so klingt es fordernd im Vorwort der deutschen Übersetzung von Peters & Watermans „In Search of Excellence", dem unangefochtenen Bestseller zum Thema Unternehmenskultur.

Was war geschehen, dass Unternehmenskultur, ein Konstrukt mit langer Tradition, eine solch bedeutende Renaissance erfuhr?

Die US-Wirtschaft wurde von der japanischen Konkurrenz überrascht, ohne zu wissen, wie eine adäquate Reaktion aussehen sollte. Zudem waren traditionelle gesellschaftliche Werte ins Wanken geraten. Unternehmens- oder Organisations-kultur (beide Begriffe werden im folgenden synonym verwendet) als Allheilmittel gegen ökonomische und moralische Krisen? Zahlreiche populärwissenschaftliche Veröffentlichungen propagierten starke Einheitskulturen als probates Gegenmittel.

Die Wissenschaft krankte zur gleichen Zeit an der Erfolglosigkeit kontingenztheoretischer Ansätze.

Linda Smircich prophezeite:"Culture may be an idea whose time has come."

Die folgende Arbeit wird zunächst kritisch die wichtigsten Werke amerikanischer Managementliteratur darstellen, die Unternehmenskultur Anfang der 80er Jahre so ausserordentlich populär gemacht haben (Kap.2).

Im Weiteren werden Gründe für diesen Boom aus verschiedenen Motivlagen heraus erläutert und Traditionslinien der Unternehmenskultur aufgezeigt (Kap.3).

Die ausführliche Darstellung wissenschaftstheoretischer Grundlagen soll die paradigmatischen Gegensätzlichkeiten objektivistischer und subjektivistischer Konzepte verdeutlichen (Kap.4). Die "Wendezeit" (kognitiv, konstruktivistisch, interpretativ und qualitativ) führte zum Erstarken subjektivistischer Ansätze gegen die Dominanz objektivistischer Ansätze.

Es wird aufgezeigt, dass integrative Perspektiven am ehesten geeignet sind, sich dem komplexen Phänomen Unternehmenskultur anzunähern (Kap.5). Es handelt sich um eine Entwicklung, die mutatis mutandis auch für das Konstrukt Organisationsklima gilt (Kap.12).

Die theoretische Vorarbeit macht deutlich, wie schwierig es ist, eine Definition zu formulieren, die der harten Variable und dem schillernden Phänomen Unter-nehmenskultur gleichermaßen gerecht wird, ohne sogleich in ein "theoretisches Lager" abzudriften (Kap.6).

Im Weiteren werden drei elaborierte wissenschaftliche Modelle zur Unternehmens-kultur ausführlich dargestellt. E. Scheins Drei-Ebenen-Modell von 1985 gilt als das

Konzept wissenschaftlicher Provenienz, das erstmals tieferliegende Schichten von Unternehmenskultur betrachtete und auch heute noch grundlegenden Charakter besitzt (Kap.7).

S. Sackmann, die führende deutsche Wissenschaftlerin auf diesem Gebiet, betrachtet Unternehmenskultur als dynamisches Konstrukt und betont eine integrative Sichtweise (Kap.8).

Symbole und Transformationsprozesse stehen im Fokus des Cultural Dynamic Models von M.J. Hatch (Kap.9).

Die drei Modelle zeigen in ihrer Abfolge die stärker werdenden Tendenzen von Interaktion, Konstruktivismus und qualitativer Methodologie.

Diese Entwicklungen bestimmen analog sowohl die Führungsforschung als auch die Organisations- und Management-Theorie. Unternehmenskultur, Führung und Managementstrategien stehen in engem Zusammenhang miteinander, was sich nicht zuletzt im Wandel offenbart.

Selbstorganisationstheorien wie der St. Gallener Ansatz eröffnen völlig neue Perspektiven für Management und Mitarbeiter. Führung gestaltet Rahmenbedingungen für evolutorische Prozesse und Subkulturen gelten als innovatives Potential. Das "Sirenengeheul der Gestaltbarkeit" (Mayrhofer/Meyer, 2004, Sp.1029) verspricht angesichts dieser Entwicklungen weniger verführbar zu klingen (Kap.10).

Gleiches gilt für die Führungsforschung, die sich immer mehr von klassischen Führungstheorien löst und die Interaktion zwischen Führenden und Geführten in den Mittelpunkt der Forschung rückt. Exemplarisch für Wahrnehmungs-, Deutungs- und Beziehungsphänomene werden die Attributionstheorie, das LMX-Konzept, das Modell der transformationalen Führung und der Ansatz der symbolischen Führung vorgestellt (Kap.11).

Der anschließende Quervergleich mit dem Konstrukt des Organisationsklimas zeigt Unterschiede und Gemeinsamkeiten zur Unternehmenskultur, ggf. Integrationsmöglichkeiten und methodische Ergänzungen auf und bereitet auf die schwierige Frage der Messbarkeit vor (Kap.12).

Es wird dargelegt, dass die Facettentheorie aufgrund ihrer konzeptionellen Vermittlung zwischen Theorie und Empirie zur Erfassung des komplexen Phänomens Unternehmenskultur geeignet ist. Sowohl der EEB von Rosenstiel als auch der Wertefragebogen von Elizur basieren auf diesem Konzept. Der Kulturfragebogen von Sourisseaux modifiziert Elizurs Konzept, vernachlässigt aber tiefere Ebenen von Unternehmenskultur. Das Modell von Gontard integriert Organisationsklima als vierte Ebene in das Scheinsche Modell und setzt hier den EEB als komplementäres Erhebungsinstrument ein. Der zusätzliche Einsatz eines modifizierten Wertefragebogens nach dem Muster von Elizur zeigt Diskrepanzen zwischen Klima- und Werteitems auf, die Ausgangspunkt für eine qualitative Erhebung sind. Nach ausführlicher Darstellung der Theorie des qualitativen Interviews wird erkennbar warum das problemzentrierte Interview auf der Basis des Scheinschen Kategoriensystems, integriert in ein multimethodisches Konzept, ein probates Mittel zur Annäherung an tieferliegende Grundannahmen menschlicher Existenzbewältigung sein könnte (Kap.13).

Der Autor der vorliegenden Arbeit fühlt sich, nicht zuletzt aus praktischer Erfahrung, einer integrativen Perspektive und einem behutsamen kultursensitiven Management auf ethischer Grundlage verpflichtet.

## 2    Der Japan-Schock

Es waren einige populärwissenschaftliche Veröffentlichungen der amerikanischen Managementliteratur Anfang der 80er Jahre, die schlagartig den Begriff der Unternehmenskultur in den Fokus allgemeinen Interesses rückten. Werke von Autoren wie T. Peters & R. Watermann (In Search of Excellence, 1982), T. Deal & A. Kennedy, (Corporate Cultures. Rites and Rituales of Corporate Life, 1982), W. Ouchi (Theory Z. How American Business Can Meet The Japanese Challenge, 1981) sowie R. Pascale & A. Athos (The Art Of Japanese Management, 1981) fanden geradezu euphorischen Anklang. Die Frage nach dem Erfolg dieser vorwiegend im journalistischen Stil verfassten "Anleitungen zum Erfolg", beantwortete sich durch die sozio-ökonomische Krise der US-Wirtschaft Ende der 70er Jahre (Heinen, 1997, S. 4). Dülfer (1991) merkt hierzu an: "In der amerikanisch/japanischen Import/ Export- Beziehung ergab sich für 1984 ein US- Defizit von 15 Mrd. Dollar bei einer ähnlichen Lage im Automobilmarkt" (S.6). Dieser „Japan-Schock" (Schmidt, 2005, S.25) brachte die amerikanischen Managementmethoden nachhaltig auf den Prüfstand, so dass sich erstmals die Frage aufdrängte: "Gibt es eine bessere Business-Methodik als die amerikanische?" (Dülfer, 1991, S. 6).

## 2.1 "…the Japanese know how to manage better…"
### (Ouchi, 1981, p. 3)

Um dieser neuen Wettbewerbssituation zu begegnen, stellte Ouchi einen inter-kulturellen Vergleich zwischen amerikanischen und japanischen Unternehmen an (Dülfer, 1991, S. 7).

Er führt aus, welchen Einfluss das nationale kulturelle Umfeld auf das jeweilige Managementverhalten hat. Dabei kennzeichnet er die kulturelle Umwelt amerikanischer Unternehmen als heterogen, mobil und individuell, die japanischen Betriebe hingegen als homogen, stabil und kollektivistisch. Dieser gesellschaftlichen Makroperspektive entsprechen die jeweiligen Organisationstypen. Eine typische amerikanische Organisation (Typ A) ist gekennzeichnet durch kurzfristige Beschäftigung, schnelle spezialisierte Karrieren, individuelle Verantwortung und explizite Kontrollmechanismen. Das idealtypische japanische Organisationsmodell (Typ J) hingegen ist charakterisiert durch lebenslange Beschäftigung, breit angelegte, aber langsame Karrierewege und weitgehend kollektive Verantwortung bei implizit gesteuerter Kontrolle (vgl. Heinen, 1997, S. 7).

Als Ansatz zur Vermittlung dieser gegensätzlichen Profile entwickelte Ouchi (1981) einen neuen Organisationstypus (Typ Z) in Anlehnung an die Menschenbild-Typologie von Mc Gregor:

> Mc Gregor felt that these assumptions were primarily of two kinds, which he labelled 'Theory X` and 'Theory Y'assumptions. A Theory X manager assumes that people are fundamentally lazy, irresponsible, and need constantly to be watched. A Theory Y manager assumes that people are fundamentally hard-working, responsible, and need only to be supported and encouraged (p.69).

Die Transformation von Typ A zu Typ Z erfolgt in einem mehrstufigen Prozess und zielt darauf ab, explizit formale Strukturen des Typs A zur Überwachung und Steuerung (Heinen, 1997, S. 7) zurücktreten zu lassen, sowie Beeinflussung und Steuerung der Organisationsmitglieder in einem Sozialisationsprozess sicherzustellen, dessen Inhalte Kooperationsbereitschaft, Vertrauen und gegenseitige Anerkennung sind.

Durch ein intensives Interaktionsgeflecht entwickelt sich eine stark ausgeprägte, homogene "company culture" (Heinen, 1997, S. 11), die die Schwächen der Typ A-Organisation kompensieren soll.

### 2.1.1 Kritik

Ouchi gebührt das Verdienst als einer der ersten den Kulturbegriff auf Wirtschaftsorganisationen angewandt zu haben. Trotz Abwandlungen bleibt Ouchis "Hybridmodell" generell zu sehr an dem japanischen Modell angelehnt (Heinen, 1997, S. 12). Die Darstellung der empirischen Ergebnisse der kulturvergleichenden Analyse ist unzureichend und wird keinem wissenschaftlichen Standard gerecht. Explizite Kontrollmechanismen werden durch ein normatives Führungsmodell, welches auf sozialen Werten beruht, abgelöst. Ouchi thematisiert hierbei nur unzureichend, dass eine durch Individualismus geprägte US-Gesellschaft große Probleme mit kollektivistischer Entscheidungsfindung und Verantwortung haben wird (Stähle, 1999, S. 507).

### 2.2 The 7–s –managerial molecule

Ebenso wie Ouchi gehen Pascale und Athos von einem interkulturellen Vergleich japanischer und amerikanischer Organisationen und ihrem gesellschaftlichen Umfeld aus. Ergebnis dieser Studien war auch hier eine massive Kritik an der amerikanischen Managementpraxis. Auf der Basis ihrer Erkenntnisse entwickelten Pascale und Athos gemeinsam mit Mitarbeitern der Beratungsfirma Mc Kinsey das "7-s-Konzept". Dieses Konzept dient als Basis zur Systematisierung derjenigen Variablen, die Arbeitsweise und Erfolg eines Unternehmens maßgeblich bestimmen (Pascale/Athos, 1982, S. 93 ff.).

Der zentrale Gedanke besteht in der Unterscheidung „harter" und „weicher" Faktoren (Pascale/Athos, 1981, p. 202). "Each of the 'levers' an executive uses, even if he uses 'too few', is important, but *the central point is that the FIT among and between them has to be good to get long-term leverage"* (1981, p. 202; Hervorhebung v. Verf.).

Als "harte" Variablen werden strategy (Strategie), structure (Struktur) und systems (Systeme) bezeichnet; also der Aktionsplan über die Einsetzung der Mittel, die charakteristische Organisationsform und die Informationsprozesse. Die anderen vier "Hebel" ("levers") sind staff (Personal), skills (Fähigkeiten), style (kultureller Stil) und superordinate goals (übergeordnete Ziele), also die Beschreibung vorhandener Personalkategorien und –typen, ihrer besonderen Fähigkeiten und der spezielle kulturelle Stil des Unternehmens. Die übergeordneten Ziele nehmen eine zentrale Position im 7-s-Modell ("managerial molecule", 1981, p. 202) ein. Sie beziehen sich auf den übergreifenden Zweck der Organisation ("overarching purposes", 1981, p.

81) und enthalten die grundlegenden Bedeutungen der geteilten Wertmaßstäbe. Sie beinhalten somit weit mehr als beispielsweise rein finanzielle Wachstumsziele, indem sie geistige Orientierung und Sinn vermitteln (..."goals, that 'move men's hearts'", 1981, p.82).

Die Autoren bemängeln die Überbetonung der klassischen, harten Variablen ("overfocus on the 'hard' elements", 1981, p.82) in Bezug auf das "...cold triangle of strategy, structure, and systems ..." (1981, p.82) und fordern die Einbeziehung aller Faktoren und deren gezielte Abstimmung.

Die Betonung des Elements "Stil" (Heinen, 1997, S. 13) verweist auf eine Erweiterung des Führungsbegriffs im Sinne der Vermittlung von Bedeutung und Sinn über symbolhaftes Handeln: "...manager's behaviour is a powerful form of symbolic communication to people down the line, telling them what he really cares about" (1981, p. 47).

### 2.2.1  Kritik

Das 7-s-Modell bedeutet im Vergleich zu Ouchi eine Umorientierung auf die Mikroebene der Unternehmung. Die Bedeutung weicher Faktoren wird hervorgehoben, vor allem die explizite Betonung des kulturellen Stils und der übergeordneten Ziele. Unternehmenskultur wird somit zu einer internen Variablen unter anderen. Staehle (1999) kritisiert das 7-s-Modell als "sehr unverbindlich und schlicht" (S. 509); im übrigen bedürfe es keiner Kulturforschung, um zu erkennen, wie wichtig der Umgang mit Mitarbeitern und deren Fähigkeiten sei. Im Sinne einer Konsistenztheorie legt das 7-s-Modell großen Wert auf die Passung der verschiedenen Elemente, vernachlässigt aber die Erkenntnisse der Kontingenztheorie, dass externe Umweltbedingungen zu berücksichtigen sind.

### 2.3.1  "Like a John Wayne or a Burt Reynolds in pinstripes…"
### (Deal / Kennedy, 1982, p. 37)

Anders als beim 7-s-Konzept, welches auf eine erfolgreiche Passung der verschiedenen Elemente setzt, stellen Deal & Kennedy das "superordinated goal" ("...slogan-like evidence of a paramount belief-...", 1982, p. 6) als das mehr oder weniger alleinige Element ins Zentrum. Es handelt sich hierbei um Unternehmensgrundsätze oder Slogans wie z.B. "IBM means service"(1982, p. 6), die den Mitarbeitern zur Identifikation mit dem Unternehmen dienen, denn, so die

Autoren weiter, "...the companies did best over the long haul were those that believed in something "(1982, p. 66). Im Mittelpunkt dieses Kulturverständnisses steht die Mitarbeiter-Orientierung: "We think that people are a companys greatest resource, and the way to manage them is not directly by computer reports, but by the subtle cues of a culture" (1982, p. 15).

Zugleich zeigt sich die stark funktionalistische Ausrichtung der Kultur: „A strong culture is a powerful lever for guiding behavior..." (1982, p.15).

Eine entscheidende Rolle spielen hierbei sogenannte "Helden", die die Werte und Glaubenssätze verkörpern und als Vorbild dienen:"...they create the role models for employees to follow. The hero is the great motivator, the magician, the person everyone will count on when things get tough" (1982, p. 37). "Helden" sind "symbolic figures" (1982, p. 37), die auf oft dramatische Weise zeigen, "...that the ideal of success lies within human capacity " (1982, p. 82).

Des Weiteren werden Riten und Rituale als symbolische Handlungen eingesetzt, und informelle Kommunikationssysteme dienen als Kanäle zur gezielten Verbreitung von Geschichten und Mythen.

Deal und Kennedy entwickelten eine Kulturtypologie zur Klassifikation von Unternehmen. Hierzu wird die Umwelt des Unternehmens nach zwei Merkmalen differenziert, dem Risikograd, der mit dem Geschäft verbunden ist und der Schnelligkeit der Rückmeldung über den Erfolg (vgl. 1982, chap. 6). So ergibt sich beispielsweise bei hohem Risiko und schnellem Feedback eine Spekulationskultur ("the tough-guy, macho culture", p.107).

Ausdrücklich betonen die Autoren die Existenz und Bedeutung von Subkulturen, die beispielsweise abteilungsbedingt entstehen. Es wird sogar gefordert: "Encourage each subculture to enrich its own cultural life" ( p.153).

Im normativen Teil (chap.8) wird der „symbolic manager" postuliert, ausgestattet mit Sensibilität für die bestehende Kultur und einem Verständnis für die Bedeutung der Kultur für langfristigen Erfolg ("Symbolic managers are sensitive to culture and its importance for long-term success", p.141). Der kulturbewusste Symbol-Manager ist gleichwohl in der Lage eine prozessuale, behutsame Kulturänderung als Anpassung an eine veränderte Umwelt durchzuführen (chap. 9), wenn er die kulturellen Schlüsselattribute beachtet: "heroes, values, rituals" (p. 176).

### 2.3.1 Kritik

Der funktionalistisch ausgerichtete Kulturbegriff von Deal & Kennedy fasst Kultur explizit als interne Variable und wichtiges Element zum Erfolg auf. Andererseits ist dieser Ansatz klar kontingenztheoretisch ausgerichtet. Die Umwelt determiniert eindeutig die Charakteristika der Helden, der Werte und der Riten. Die Werte und Glaubenssätze entsprechen in weitem Umfang den Grundwerten der amerikanischen Gesellschaft, wie man besonders deutlich am propagierten Heldentypus eines John Wayne ablesen kann. Zudem wird die Untersuchung von Deal & Kennedy den Standards empirischer Forschung kaum gerecht. Es findet sich zwar zu Beginn eine Auflistung der untersuchten Unternehmen (p. 7), aber es fehlt sowohl ein Kriterium für diese Auswahl als auch eine Erörterung der Methoden. Im Grunde handelt es sich um eine Ansammlung von Anekdoten.

### 2.4   "Do it, try it, fix it" (Peters/Waterman, 2000, S. 165)

Es bildet sich eine Tendenz heraus, sich immer mehr der Mikro-Ebene einer Unternehmung zuzuwenden. Kontingenztheoretische Überlegungen, die sehr stark Umwelt- und Situationseinflüsse betonen, treten in ihrer Bedeutung zurück. Die Veröffentlichungen von Deal & Kennedy sowie Peters & Waterman markieren den Beginn einer funktionalistisch-systemorientierten Variablensicht, die den Konsistenztheorien nahe stehen.

Der Bestseller „In search for excellence" von Peters und Waterman aus dem Jahre 1982 verhalf dem Begriff der Unternehmenskultur zu wirklicher Popularität. Neuberger berichtete bereits 1987 von über vier Millionen verkauften Exemplaren in den USA und von der bereits 10. Auflage der deutschen Ausgabe binnen Jahresfrist. Offenbar traf diese Publikation exakt den richtigen, journalistisch brillanten, anschaulich mit vielen Geschichten und Anekdoten angereicherten Ton: "Aus Amerika kommt eine frohe Botschaft. Gute Unternehmensführung gibt es heute nicht nur in Japan" (2000, S. 21). Der japanische Wettbewerbsvorteil wird nur noch zu Beginn kurz zitiert, um sogleich in einen selbstbewussten, optimistischen Ton überzugehen, der das gesamte Buch prägt.

Durch den "offensiven Brustton der Gründerzeit", der Wiederbelebung des Unternehmers ("Der Champion sitzt nicht in Wolkenkuckucksheim...", S. 243), dem Besinnen auf Grundtugenden ("...die Hauptaufgabe des Managements sei es, 'die Herde ungefähr nach Westen zu treiben'", S. 144), dem Angebot einfacher Regeln und Rezepte mit direktem Praxisbezug (Acht Grundtugenden, S. 36-39) und vor allem durch die vernichtende Kritik an den von Rationalität geprägten traditionellen Organisationstheorien ("Paralyse durch Analyse", S. 55), wurde „In Search of Excellence" zur Pflichtlektüre des US-Topmanagements (Dülfer, 1991, S. 11).

## 2.4.1 Methoden

Peters & Waterman etablierten die Kriterien Innovation und Erfolg zur Gewinnung einer Stichprobe, um ihre Studie durchzuführen. (S. 42-49). Es wurde eine Reihe finanzwirtschaftlicher Kennzahlen über einen Zeitraum von rund 20 Jahren (1961-1980) erhoben, die Unternehmen als überdurchschnittlich erfolgreich auswiesen. Als innovativ wurden Unternehmen bezeichnet, die es besonders gut verstanden, "...*sich laufend an jede Veränderung ihrer Umweltbedingungen anzupassen*" (S. 34; Hervorhebung v. Verf.). Innovation wird von den Autoren definiert als "...kontinuierliche[r] Strom richtungsweisender Produkte und Dienstleistungen ..." (S. 45). Als Aufforderungskriterien für Anpassungs- und Veränderungsprozesse gelten veränderte Kundenbedürfnisse, verlagerte Wettbewerbssituationen, eine sich wandelnde öffentliche Meinung, die Wandlungen im Kräfteverhältnis des Welthandels und geänderte staatliche Auflagen.

Mit Hilfe dieser Innovationsindizes wählten Branchenkenner entsprechende Unternehmen aus (vgl. S. 45). Auf der Basis des „7-s-Modells" (s.o.) wurden mit Managern von so ermittelten US-Unternehmen strukturierte Interviews geführt. Als Ergebnis dieser Erhebung kristallisierten die Autoren acht Grundtugenden erfolgreichen unternehmerischen Handelns heraus. Nach dem Motto „Probieren geht über studieren" (S. 36) wurde zunächst das Primat des Handelns als Grundtugend postuliert. Langwierigen rationalen Analysen wurde die zugespitzte Handlungsmaxime des „Do it, Try it, Fix it" (S. 165) gegenübergestellt.

Neben der Forderung nach Kundennähe, der Bindung an das angestammte Kerngeschäft und der Konkretisierung der Grundphilosophie eines Unternehmens durch ein vorgelebtes Wertesystem rückt der Mitarbeiter, auf den es schließlich ankommt, in den Fokus. "Die exzellenten Unternehmen betrachten ihre Mitarbeiter als eigentliche Quelle der Qualitäts- und Produktivitätssteigerung" (S. 37). Dem einzelnen Mitarbeiter werden Handlungsspielräume für Unternehmertum geöffnet, die durch einen unbürokratischen flexiblen Organisationsaufbau und eine "strafflockere" Führungsphilosophie gefördert werden.

Die Autoren stellen heraus, dass es schließlich die „*Intensität der Firmenkultur*" (S. 39; Hervorhebung v. Verf.) ist, die exzellente Unternehmen kennzeichnet. Je konsequenter die Grundtugenden umgesetzt werden, desto stärker und homogener gestaltet sich die Kultur des Unternehmens. Der funktionalistisch-systemorientierte Variablen- Ansatz hält Kultur für messbar und machbar.

### 2.4.2 Kritik

In forschungsmethodischer Hinsicht ist der Ansatz von Peters & Waterman stark zu kritisieren. War bereits das „7-s-Modell" weder theoretisch abgeleitet noch empirisch untermauert, so gilt gleiches für die Ableitung der acht Grundtugenden als Extrakt der geführten Interviews. Gleichermaßen bleiben die Kriterien für die Stichprobe der Unternehmen, zu der im übrigen eine Kontrollgruppe fehlt, eher diffus und subjektiv.

### 2.5 Zwischenfazit: Conclusio der vier Pioniere

Aufgerüttelt durch den Japan-Schock wurden interkulturelle Vergleiche angestellt (Ouchi). Dieser Blick der Makroperspektive verengt sich v.a. durch Einführung des „7-s-Modells" immer mehr auf die Mikroebene (Peters/Waterman). Die Lektüre der dargestellten „new management thinkers" (Dülfer, 1991, S. 9) hinterlässt stets den Eindruck, als handle es sich bei Unternehmenskultur um ein völlig neues Konzept. Aus der Motivlage von Managern und Unternehmensberatern geschrieben, betrachten alle Autoren Unternehmenskultur als Mittel zum Erfolg, das mehr oder weniger problemlos gestaltet und implementiert werden kann (Ebers, 1991, S. 43).

Unkritisch wird aus rein praktischem Erkenntnisinteresse ein funktionalistisches Forschungsparadigma zugrundegelegt. Es bleibt offen, was überhaupt unter Unternehmenskultur zu verstehen ist und wie es um die empirische Erfassbarkeit steht. Stattdessen werden Beispiele, Plausibilitäten, offensichtliche Verhaltensweisen und Anekdoten scheinbar beweisführend aneinandergereiht, ohne an methodisch begründete Konzepte anzuschließen.

Dergleichen Ansätze eignen sich nicht zur wissenschaftlichen Auseinandersetzung mit dem komplexen Konstrukt der Unternehmenskultur, wenngleich sie, in allerdings unsystematischer Form, Einzelaspekte enthalten, die auch für eine wissenschaftliche Analyse des Themas von Wichtigkeit sind und daher im weiteren immer wieder aufgegriffen werden. Es wird offensichtlich, dass sich völlig verschiedene Interessengruppen mit sehr unterschiedlicher Motivlage dieses offenbar sehr attraktiven und facettenreichen Konstrukts bemächtigen.

Im weiteren werden folgende Fragen zu beantworten sein:

Ist Unternehmenskultur ein neues Phänomen ?

Welchen Einfluss hat der Wertewandel auf Unternehmenskultur ?

Wie lässt sich Unternehmenskultur definieren und mit wissenschaftlicher Systematik darstellen?

## 3    Unternehmenskultur – Ein neues Phänomen ?

Ebers (1991, S.42f.) führt zur Frage der Forschungsinnovation eine Zitatensammlung aus den Jahren 1936-1969 an, die exemplarisch zeigt, dass das Thema Unternehmenskultur keineswegs neu und revolutionär ist, sondern eine lange Tradition aufweist. "Disziplingeschichtlich stehen Problembezug und Grundideen der Organisationskulturforschung in der Tradition der Human Relations Bewegung." (Ebers, 1991, S. 49).

### 3.1    Die Human-Relations Bewegung

Als Ausgangspunkt der HR-Bewegung können die Hawthorne-Experimente gesehen werden (Frieling & Sonntag, 1999, S. 34). Obwohl sich diese Experimente als unzureichend kontrollierte Feldexperimente herausstellten (vgl. Rice, 1982), so wurde doch klar,   dass Emotionen und Einstellungen und vor allem zwischenmenschliche Beziehungen innerhalb der Arbeitsgruppe die Leistung maßgeblich beeinflussten. Hatte sich die Psychotechnik noch am Individuum orientiert (Ulich, 1998, S. 35), gerieten nun sozialpsychologische Aspekte in den Vordergrund. Die "informelle Organisation" (Ebers, 1999, S. 49) wurde höher bewertet als die formelle Organisationsstruktur. Der Mitarbeiter wurde als Mitglied eines komplexen sozialen Systems betrachtet und galt nicht mehr als ausschließlich ökonomisch motiviert und motivierbar. Der Wechsel des Paradigmenbildes vom "homo oeconomicus" zum "social man", gilt als wichtige Vorstufe der Unternehmenskulturforschung.

Einen wichtigen Beitrag lieferte Kurt Lewin zur Erfassung der subjektiven Seite einer Organisation. In seiner Feldtheorie entwickelt er eine ganzheitliche und phänomenologische Betrachtungsweise als methodischen Zugang (Ebers, 1991, S. 51). Die Gestaltung soziotechnischer Systeme schließt an Lewin an (Ulich, 1997, S. 30).

Die Forschungsergebnisse des Tavistock-Instituts deuteten darauf hin, dass technisch-maschinelle Prozesse auf die Organisation und das Sozialgefüge der Mitarbeiterschaft wirken. Die Organisation wird begriffen als interaktives Netzwerk technischer und sozialer Strukturen. E. Jaques vom Tavistock-Institut bringt es bereits 1951 auf den Punkt, wenn er einer Studie den Titel gibt „The changing culture of a factory" (v.Rosenstiel & Comelli, 2003, S. 429).

## 3.2 "Culture may be an idea whose time has come" (Smircich, 1983, p. 339)

Es handelt sich um eine Wiederentdeckung, aber keinesfalls um ein neues Phänomen. Wenn Kulturforschung also eine Traditionslinie zumindest seit den 30er Jahren aufweist, so müssen es äußere Rahmenbedingungen gewesen sein, die die Kulturdebatte in den 80er Jahren dermaßen angefacht haben.

### 3.2.1 Ökonomische Ursachen

Von der Dominanz der Japaner auf dem Weltmarkt Ende der 70er Jahre, war bereits die Rede. In Zusammenhang mit der Ölkrise und dem militärischen Eklat in Vietnam geriet die USA in eine sozio-ökonomische Krise. Plötzlich standen auch gesellschaftliche Werte auf dem Prüfstand. Als erste Reaktion wurden interkulturelle Vergleiche durchgeführt, bis man sich schließlich besann und die Wettbewerbsstärke auf eine selbsterzeugte Unternehmenskultur zurückführte. Eine krisenhafte Ökonomie als Folge stetig verschärften nationalen und internationalen Wettbewerbs sowie die zunehmende Globalisierung mit der daraus resultierenden Tendenz zu Fusionen, Akquisitionen und Merger" sind stets eine Grundbedingung für neue Kulturdebatten. Es sei nur am Rande erwähnt, dass auch die HR-Bewegung aus der Reaktion auf die Wirtschaftskrise der 20er und 30er Jahre hervorgegangen war (Ebers, 1999, S. 49).

### 3.2.2 Gesellschaftlicher Wertewandel

In direktem Zusammenhang mit ökonomischen Krisen oder Strukturänderungen steht immer auch der Wandel gesellschaftlicher Wertorientierungen. Rosenstiel (v.Rosenstiel et al., 1993) betont, dass Unternehmen offene Systeme sind, die mit der sie umgebenden Gesellschaft in vielfältiger Beziehung stehen. Hofstede (1993) berichtet über den französischen Soziologen Max Pagés, der von der Kultur der IBM France als "Schreckensgebilde" und *la nouvelle église*"(S. 204; Hervorhebung v. Verf.) sprach, einer nach dem Diktum von Peters & Waterman hervorragenden und starken Unternehmenskultur. Die französische Gesellschaft ist einerseits stark von Hierarchien und Regeln, andererseits sehr individualistisch geprägt, was dazu führt, sich gegen vereinnahmende, homogene Kulturen zur Wehr zu setzen. Sehr anschaulich beschreiben Mader und Stähle (1991, S. 129-145) den schwierigen

Prozess der deutschen Wiedervereinigung aufgrund der jahrzehntelangen Einbettung der Unternehmen in völlig unterschiedliche politische und gesellschaftliche Rahmenbedingungen.

Ronald Inglehart (1989, S. 11) spricht von schrittweisem und unmerklichem Wandel, von materialistischen zu postmaterialistischen Werten (seine Studie bezieht sich auf die Jahre 1970-1988) und gründet seine Theorie des Wertewandels in westlichen Zivilisationen auf zwei Schlüsselhypothesen (1989, S. 92 ff).

Die Mangelhypothese besagt, dass man den Dingen den subjektiv größten Wert beimisst, deren Ressourcen begrenzt sind. Die Wertprioritäten setzen sich erst zeitversetzt durch, so dass jemand, der in materieller Not aufwuchs, laut Sozialisationshypothese zeitlebens einer eher materialistischen Haltung folgen wird. Die Werte verschieben sich vom materiellen Pol wie Wirtschaftswachstum, Sicherheit und Ordnung hin zum postmaterialistischen Pol wie Ästhetik, individueller Autonomie und politischer Freiheit.

Klages (1984, zit. nach v.Rosenstiel, 2000, S. 49) stellt einen Rückgang von Pflicht- und Akzeptanzwerten zugunsten von Selbstentfaltungswerten fest. Unverändert ist eine postmoderne Abkehr von traditionell-allgemeingültigen Werten festzustellen. Klages spricht hier vom „Abschleifen der Werte" (Marré, 1997, S. 6). Der zentrale Wert von Arbeit lässt nach, gleichzeitig steigen aber die Ansprüche an Arbeit.

**3.3    Zweifel an Kontingenztheorien**

Ein weiterer Grund für die Wiederbelebung des Unternehmenskultur-Konzepts waren akademische Zweifel am Erkenntniswert und der Praxistauglichkeit kontingenztheoretischer Forschung (Ebers, 1985, S. 20. Die klassisch-situativen Ansätze (z.B. von Lawrence und Lorsch, 1967, vgl. Stähle, 1999, S. 49) forschen nach Beziehungsmustern innerhalb und zwischen Subsystemen als auch zwischen der Organisation und der Umwelt. Das eigentliche Ziel besteht in der Formulierung normativer Aussagen, wie in bestimmten Situationen zu handeln ist, mit anderen Worten wie die Passung (fit) zwischen Kontext (Situation), Organisationsstruktur und Verhalten der Mitarbeiter gestaltet werden muss, um Effizienz zu erreichen. Methodisch herrschen strenge quantitative Verfahren mittels Fragebögen und strukturierten Interviews vor.

Derartige Ansätze werden der Komplexität von Unternehmen in keiner Weise gerecht und führen zwangsläufig zu Vorwürfen von Positivismus und situativem Determinismus (Stähle, 1999, S. 51). Der Einfluss der Umwelt muss als quasimechanistisch bezeichnet werden, da eine einseitige Kausalbeziehung von Umwelt auf Struktur und von Struktur auf Verhalten unterstellt wird. Die Ergebnisse bestehen häufig in situativen Hypothesen, die sich selten bewähren, als auch in niedrigen Korrelationen und inkonsistenten Ergebnissen.

Zur Erforschung eines sozialen Phänomens wie Unternehmenskultur müssen zusätzlich immer auch Methoden des interpretativen Paradigmas der Sozialwissenschaften Anwendung finden (Bungard, 2004, S. 135-39). Ebers (1991) weist auf die Öffnung in den Sozialwissenschaften Mitte der 70er Jahre für Hermeneutik, Phänomenologie und qualitative Methoden hin (S. 47). Die Enttäuschung über die Ergebnisse eines streng angewandten normativen Paradigmas wird die Unternehmenskultur-Forschung im weiteren maßgeblich prägen.

### 3.4    Zwischenfazit: Die Renaissance der Unternehmenskultur

Die Gründe für die Renaissance der Unternehmenskultur sind mannigfaltig und entspringen völlig verschiedenen Motivlagen und Rahmenbedingungen: Gewinnmaximierung, Wandel des ökonomischen und in Wechselwirkung damit des gesellschaftlichen Umfeldes und wissenschaftlichen Erkenntnisinteresses.

Die Reaktion der Wissenschaft ließ einige Zeit auf sich warten, um die mannigfaltigen Eindrücke zu systematisieren und methodologisch einzuordnen. Linda Smircich veröffentlichte 1983 eine Literaturstudie, die bisherige Ansätze ordnete. Es war schließlich Edgar Schein, der mit seiner Monographie „Organizational Culture and Leadership" (1985) eine methodische Systematik entwickelte und auch definitorische Maßstäbe setzte. Bevor Scheins Definiton und Ansatz ausführlich erörtert werden, sollen die mittlerweile zahlreichen Ansätze systematisiert werden.

### 4    Theoretische Grundlagen

Aufgrund hoher Zahl und Heterogenität der Ansätze zur Unternehmenskultur wurden verschiedene Systematisierungen unternommen. In der einschlägigen Literatur hat sich die Unterscheidung in einen objektivistischen Variablenansatz, einen subjektivistischen Metaphern-Ansatz und eine integrative Kulturperspektive etabliert (vgl. zusammenfassend Mayrhofer & Meyer, 2004, Sp. 1025-1033).

Die systematischen Ausrichtungen werden nach folgenden wissenschaftstheoretischen Kriterien unterschieden: Ontologie, Epistemologie, Menschenbild und Methodologie.

## 4.1 Ontologie

Ontologie kreist im philosophischen Sinne um die Grundfrage: "Was existiert?"
Es ist ein zentraler Aspekt, ob man lediglich materielle Realitäten als existierend
betrachtet oder auch geistige Realitäten wie Klassen, Relationen oder Ideen
gleichermaßen als ontologische Realitäten gelten lässt. Die Klärung des
ontologischen Status ist von höchster Bedeutung für die weitere Forschung, da hier
geklärt wird, welcher Gegenstand überhaupt Objekt der wissenschaftlichen Prüfung
sein kann. In diesem Zusammenhang ist der ontologische Status kognitiver Inhalte
von Bedeutung. Man unterscheidet im wesentlichen die ontologischen Positionen des
Realismus und des Nominalismus.

Der idealtypische Realismus billigt lediglich materiellen Phänomenen eine eigene
ontologische Qualität zu, die dem Individuum quasi vorgelagert ist (Ochsenbauer &
Klofat, 1997), S. 74). Hingegen betrachtet der Nominalismus Wirklichkeit als sozial
konstruiert und nicht unabhängig vom Individuum. Kognitive Inhalte und Ideen
erhalten einen vollgültigen ontologischen Status und werden somit Gegenstand von
Forschung.

## 4.2 Epistemologie

Epistemologie oder Erkenntnistheorie befasst sich mit der grundsätzlichen
Möglichkeit menschlicher rsp. wissenschaftlicher Erkenntnis. Die Beantwortung
dieser Frage hängt unmittelbar ab von der Zuschreibung ontologischer Qualitäten.
Die erkenntnistheoretische Ausrichtung des Positivismus ist dem Realismus
verpflichtet und betrachtet die materielle, beobachtbare Welt als einziges
wissenschaftliches Forschungsobjekt. Der Forscher steht neutral außerhalb dieser
objektiven Realität und versucht – dem naturwissenschaftlichen Ideal folgend –
allgemein gültige Gesetzmäßigkeiten abzuleiten.

Die Gegenposition des „Antipositivismus" (Ochsenbauer & Klofat, 1997, S. 75)
entspricht dem Nominalismus. Hier ist die Vorerfahrung des Forschers zentrale
Voraussetzung zur Erkenntnisgewinnung (Seiffert, 1996, S. 57). Wissenschaftliche
Erkenntnisse werden durch teilnehmende, interpretative Erschließung gewonnen.
Eine herausragende Stellung innerhalb dieses interpretativen Paradigmas nimmt die
soziologische Theorie des symbolischen Interaktionismus ein (Lamnek, 1995a ,S.46
ff).

## 4.3 Menschenbild

Die Gesamtheit der expliziten und impliziten Annahmen über den Menschen hinsichtlich Eigenschaften, Motive, Einstellungen und ähnlichem verdichten sich zu einem Bild vom Menschen. Es finden sich zahlreiche dualistische Perspektiven und Typologien. Der prominenteste dualistische Ansatz ist das Gegensatzpaar von McGregor (s.o.). Die Typologie von Schein unterscheidet den rational-, social-, self-actualizing- und den complex-man nach historischer Entwicklung. Ein Kernaspekt des Menschenbildes ist die Frage nach der Freiheit des menschlichen Willens. Prinzipiell lassen sich deterministische und voluntaristische Idealtypen unterscheiden (Ochsenbauer & Klofat, 1997, S. 75).

Der Determinismus sieht das Individuum in weitem Sinne von der Situation festgelegt. Menschliches Verhalten wird somit erklär- und prognostizierbar und durch die Kenntnis der mechanistischen Zusammenhänge schließlich steuerbar.

Der Voluntarismus hingegen geht von einem weitgehend freien Willen und mithin einem hohen Maß an Handlungsautonomie aus, der völlig verschiedene Reaktionen auf identische Stimuli zulässt. Wenngleich es sich um extreme Pole handelt, die verschiedene Forschungsrichtungen treffend kennzeichnen, so lassen sie doch vielfache gegenseitige Annäherungen zu.

## 4.4 Methodologie

Methodologisch unterscheidet man grundsätzlich eine nomothetische und eine ideographische Ausrichtung.

Das an den Naturwissenschaften orientierte nomothetische Erkenntnisziel ist stets das Auffinden von generalisierbaren, raum- und zeitunabhängigen Gesetz- und Regelmäßigkeiten mit den klassischen Mitteln quantitativer Forschung zur Erklärung sozialer Phänomene (Diekmann, 1998, S. 93). Vor allem standardisierte Erhebung und intersubjektive Nachprüfbarkeit nach naturwissenschaftlich-experimentellem Muster sind hier charakteristisch.

Das ideographische Verfahren versucht in Anlehnung an Kultur- und Geisteswissenschaft die Beschreibung des Einzelfalles, des Individuellen und Besonderen mittels qualitativer, in der Regel nicht- oder teilstandardisierter Methoden. Es wird versucht soziale Phänomene in ihrem Kontext, ihrer Komplexität und Einmaligkeit zu beschreiben. Erkenntnisziel ist hier Fremdverstehen von Sinn im Einzelfall. Diese Sinnkomponente allerdings wird von der auf Neutralität ausgerichteten quantitativen Sozialforschung nicht akzeptiert (Lamnek, 1995a, S.

222). Die Forschungsergebnisse eignen sich zur Typisierung, nicht aber zur Generalisierung.

## 4.5   Zwischenfazit: Paradigmen der Sozialforschung

Die vier dargestellten wissenschaftstheoretischen Kategorien definieren in folgenden Kombinationen zwei unterschiedliche Paradigmen der Sozialforschung:

Ein objektivistisches quantitatives Paradigma wird ontologisch definiert durch den Realismus, ist erkenntnistheoretisch dem Positivismus verpflichtet, geht im wesentlichen von einem deterministischen Weltbild aus und folgt methodologisch einer nomothetischen Methodik.

Dem gegenüber steht ein subjektivistisches qualitatives Forschungsparadigma auf der Basis des Nominalismus, welches epistomologisch eine "interpretativ-hermeneutisch-phänomenologische Variante der Sozialwissenschaften" (Lamnek, 1995a, S. 255) darstellt und auf der Basis des Voluntarismus ideographisch vorgeht.

Nicht zuletzt der Positivismusstreit in den 60er Jahren (Bortz, 1995, S. 280) brachte die Unvereinbarkeit beider Paradigmen einmal mehr auf den Punkt (Adorno, 1969). Die Vertreter der kritischen Theorie (Horkheimer, Adorno, Marcuse, und in der zweiten Generation Habermas) warfen den Positivisten vor, die Komplexität sozialer Realität zu verkennen, einem mechanistisch-deterministischen Weltbild anzuhängen, zudem Sinndeutung durch postulierte Neutralität zu vernachlässigen und somit gesellschaftliche Missstände zu ignorieren und zu zementieren. Sieht man von ideologisch geprägten Einseitigkeiten der Kritik der Frankfurter Schule ab, so ist doch einsichtig, dass komplexe soziale Phänomene kaum mittels quantitativer Methodik erforschbar sind (vgl. Rook et al., 2001).

Mayring spricht von der "qualitativen Wende" (Lamnek, 1995a, S. 1). In den 70er Jahren lässt sich eine "Renaissance der lange Zeit als 'unwissenschaftlich', 'feuilletonistisch' und 'unseriös' abgewerteteten qualitativen Forschungstraditionen in den Sozialwissenschaften beobachten" (v. Kardorff, 1995, S.3; Hervorhebung v. Verf.). Das interpretativ-qualitative Paradigma geht auf die Komplexität ein und stellt die Sinndeutung in den Fokus.

Die Phänomenologie versucht Fremdverstehen mittels Reduktion, indem sie, ausgehend von der theoretischen Welt, über die Lebenswelt zum eigentlichen Wesen eines Phänomens vorzudringen trachtet.

Der symbolische Interaktionismus führt Sinnentstehung auf Interaktion zurück. Die soziale Welt und selbst die eigene Identität werden durch Interaktionen konstruiert (sozialer Konstruktivismus). Der Forscher beteiligt sich an symbolischen Interaktionen und wird somit selbst Teil des Konstruktionsprozesses. Hermeneutische Verfahren versuchen unter Beachtung des gesellschaftlich determinierten Vorverständnisses des Forschers die Differenz zwischen Forscher und Objekt schrittweise zu verringern. Von Kardorff merkt an: "Forschungsstrategisch lassen sich qualitative und quantitative Forschung auf einem Kontinuum abtragen" (v. Kardorff, 1995, S.4). Im weiteren fordert er, ohne die tatsächlichen Gegensätze der Paradigmen zu verwischen, eine jeweilige Ergänzung qualitativer und quantitativer Methoden, also von Erklären und Verstehen. Auch Lamnek postuliert ein multimethodisches Vorgehen mit der Hoffnung auf ein "breiteres und profunderes Erkenntnispotential" (1995a, S. 257). Von Kardorff regt an, quantitative Methoden in der Pilotphase eines Forschungsprojekts einzusetzen, um "Einstiege für die qualitative Hauptphase zu erkunden" (1995, S.8).

## 5    Zwei Paradigmen und ihre Integration

### 5.1    Objektivistischer Variablenansatz

Bei den objektivistischen Ansätzen wird Unternehmenskultur ontologisch als eine Variable unter anderen aufgefasst. Unternehmenskultur ist dem Individuum vorgelagert und stellt ein funktionales Subsystem des Unternehmens dar. Es handelt sich um einen integrierten Bestandteil im Kontingenzmodell. Ein Unternehmen *hat* Kultur.

Diese ontologische Sichtweise des Realismus bedingt erkenntnistheoretisch eine positivistische Perspektive, die dazu führt, dass Kultur von außen analysier- und steuerbar ist, da aufgrund des resultierenden deterministischen Menschenbildes das Verhalten des Einzelnen weitgehend von der Situation bestimmt wird.

Die methodologische Orientierung ist nomothetisch und quantitativ, dementsprechend intersubjektiv überprüfbar und entspricht mithin den klassischen Methoden der empirischen Sozialforschung.

Unabhängig von den Wahrnehmungen der Mitarbeiter erfasst der außenstehende Kulturanalytiker Manifestationen von Kultur. Man stellt durchaus fest, dass die manifesten Erscheinungsformen auf Werte und Normen zurückgehen, geht aber davon aus, dass sich diese an den Manifestationen ablesen lassen. Diagnostiziert werden leicht beobachtbare Merkmale wie Riten, Symbole, sichtbare Verhaltensweisen und geäußerte Werte. Entspricht diese Diagnose nicht einer angestrebten Soll-Kultur, d.h. erfüllt sie nicht ihre Funktion in Hinsicht auf

22

Unternehmensziele, wird die Kultur zielgerichtet geändert. Diese funktionalistisch-systemorientierte Sichtweise weist der Kultur wichtige Funktionen zu: Koordination, Integration und Motivation (Dill/Hügler, 1997, S.147).

Unter Koordination wird die Abstimmung verschiedener Subsysteme eines Ganzen im Hinblick auf ein übergeordnetes Ziel verstanden.

Durch Koordination wird einer Systemdifferenzierung und der damit verbundenen Gefahr zentrifugaler Tendenzen durch Ziel- und Interessenskonflikte entgegengewirkt (Sackmann , 1990, S.157).

Durch Integration werden Mitarbeiter untereinander und mit dem System verbunden. Durch Kultur als "sozialer Klebstoff" (Sackmann, 1990, S.157) soll ein "Wir-Gefühl" erzeugt werden. Dieses Zusammengehörigkeitsgefühl fördert die Motivation der Mitarbeiter dahingehend, dass ein Konsens über Normen und Werte einen Sinnzusammenhang erzeugt und mithin eine intrinsische Motivationslage entsteht, Dinge um ihrer selbst willen zu tun. Propagiert wird eine starke, einheitliche (homogene) Kultur. Führungskräften fällt bei dieser instrumentalistischen Betrachtungsweise eine besondere Rolle der Kulturschaffung, -gestaltung und -steuerung zu .

### 5.1.1    Kritik

Objektivistische Ansätze sind zu positivistisch und deterministisch ausgerichtet um das facettenreiche Phänomen Unternehmenskultur erfassen zu können. Dem naturwissenschaftlichen Paradigma verpflichtet, werden Oberflächenphänomene und Manifestationen quantitativ untersucht, ohne den tieferen Schichten von Kultur Beachtung zu schenken. Unternehmenskultur wird dementsprechend funktional als beliebig gestaltbare Variable aufgefasst.

Der "Macher-Typus" der Eigenschaftstheorie – der stark an ein Wiedererwachen der "great-man-theory" erinnert – implementiert top-down gesteuert Werte und Normen. Durch instrumentell-rationalistischen Umgang mit Symbolen, Riten, Mythen, etc. muss im Grunde von Manipulation gesprochen werden (Ulrich, 1990, S.277-299). Das rationalistisch-technokratische Paradigma sollte eigentlich überwunden werden (vgl. Peters & Waterman), durch die Ausdehnung auf kulturelle Ebenen wird es aber deutlich gesteigert.

Objektivistische Ansätze neigen dazu, starke einheitliche Kulturen zu propagieren, wobei allerdings übersehen wird, dass Innovationen und nötige Weiterentwicklungen eher durch Subkulturen vorangetrieben werden.

## 5.2 Subjektivistischer Metaphernansatz

Subjektivistisch interpretative Ansätze gehen in ontologischer Hinsicht davon aus, dass die Wirklichkeit in den Köpfen der Mitglieder entsteht und somit sozial konstruiert wird (sozialer Konstruktivismus, vgl. Osterloh, 1991, S.175). Dieser Ansatz geht nicht von einer real existierenden Unternehmenskultur als abgrenzbarer, von außen beobachtbarer Variable aus, sondern betrachtet Kultur im nominalistischen Sinne als Ausdruck menschlichen Bewusstseins.

Die epistemologische Konsequenz besteht darin, dass ein positivistisch orientierter Forscher in seiner Außenbetrachtung keinen Zugang zu dieser Form von Realität hat; er muss zur Erkenntnisgewinnung sozusagen "antipositivistisch" als Teilnehmer in die soziale Welt verstehend eintauchen (Ochsenbauer & Klofat, 1997, S.75). Kultur als Ausgangspunkt von Prozessen und Strukturen ist somit nicht eine Variable unter anderen und wird zur "Basis-Metapher" (root metaphor) als Denkfigur und Modellvorstellung (Heinen, 1997, S.17). Diese Kulturmetapher als Ablösung der systemtheoretischen Maschinenmetapher (vgl. Wollnik, 1991) dient als erkenntnisleitendes Medium, in dem prozessartig "organisatorische Wirklichkeit" (Marre, 1996, S.14) geschaffen wird. In diesem Sinne *ist* eine Unternehmung eine Kultur, an deren Entwicklung jedes Organisationsmitglied teilhat und somit zum Kulturgestalter wird.

Diese Betrachtung lässt kein deterministisches Menschenbild zu. Ist Mitgestaltung konstatiert, muss dem zugrundeliegenden Menschenbild eine gewisse Willensfreiheit und Handlungsautonomie implizit sein (Ochsenbauer & Klofat, 1997, S.76).

In methodologischer Hinsicht führt die aufgezeigte Ontologie zu einer ideographischen Position (Einzelfallstudien) auf der Basis qualitativer und interpretativer Methoden. Um das unternehmerische Sinnsystem als "ideelle Essenz" (Heinen, 1997, S.19) interpretativ zu entziffern, muss der Kulturforscher in Dialog mit den Organisationsmitgliedern treten. Hierzu dienen die Methoden der Phänomenologie, der Hermeneutik und des Symbolischen Interaktionismus. Ziel des subjektivistischen Ansatzes ist nicht die Instrumentalisierung der Unternehmenskultur als Erfolgsfaktor, sondern eine verstehende Beschreibung der Einzigartigkeit der jeweiligen Kultur.

### 5.2.1 Kritik

Hier liegt auch die Hauptkritik am subjektivistischen Ansatz begründet. Die Ergebnisse sind nicht generalisierbar – was durchaus nicht angestrebt war – und lassen zudem keine Ableitung von Gestaltungsmaßnahmen zu. Bei fehlender Verallgemeinerung der Ergebnisse fehlen logischerweise Referenzsysteme, so dass die Rolle des Forschers so herausragend wird, das die Gefahr besteht, dass seine eigene Subjektivität die Ergebnisse massiv beeinflusst. Schreyögg (1991) warnt davor, Unternehmenskulturen zu "Schutzzonen" (S.203) oder geschlossenen Systemen und den Inhalt kultureller Orientierung für "sakrosankt" (S.203) zu erklären. Die Kritik zielt zentral auf die "affirmative" (S.203) Handlungsorientierung, die die Kulturalisten –so nennt er die Vertreter dieses Ansatzes- jeder Kultur gegenüber einnehmen. Allein durch die teilnehmende Aktion des Forschers wird in den schutzbedürftigen authentischen Lebensraum eingegriffen; mit anderen Worten, bringt man ein Stück Welt vor dem Begriff auf den Begriff, hat man es bereits verändert, denn so Schreyögg: "Reflektierte Selbstverständlichkeit ist natürlich keine mehr" (S.203). Die Problematik besteht also in dem Postulat der Unversehrtheit einer Kultur als moralischem Prinzip, das auch die Veränderung von negativen oder dysfunktionalen Kulturen ausschließt.

## 5.3 Integrative Perspektive

Auf ontologischer Ebene versucht der integrative Ansatz sowohl die objektive als auch die sozial konstruierte Realität zugrunde zu legen. Sackmann (1990) präzisiert: "Unternehmen *sind* also Kulturen und *haben* zugleich kulturelle Aspekte"(S.160). Die Wirklichkeit eines Unternehmens besteht also aus materiell-objektiven und ideellen Aspekten, die in komplexer Wechselwirkung stehen.

Erkenntnistheoretisch bedeutet diese Integration, dass wissenschaftliche Erkenntnis sowohl aus objektiver Aussenbetrachtung als auch aus involvierter, Erfahrung voraussetzender, Perspektive möglich ist.

Der integrative Ansatz sieht den Menschen als weitgehend willensfrei und autonom. Dementsprechend wird methodologisch das ideographische Verfahren präferiert, aber quantitative Methoden werden nicht aus erkenntnistheoretischen Gründen zurückgewiesen. Um Unternehmenskultur verstehen zu können, werden qualitative Methoden favorisiert, gleichzeitig benötigt man quantitative Methoden zur Erfassung der materiellen Ebene. Es empfiehlt sich somit ein multimethodisches Verfahren (Gontard, 2002, S.23).

### 5.3.1 Kritik

In seiner Gesamtheit neigt sich der integrative Ansatz eher dem subjektivistischen Paradigma zu, will aber dennoch nicht die Vorstellung von Gestaltbarkeit aufgeben. Die Einflussnahme auf die Unternehmenskultur gestaltet sich aber deutlich kulturbewusster als bei funktionalistischen Ansätzen. Praktisches Einwirken bezieht sich hierbei auf gezielte Interpretationsmuster und offenen Austausch von verschiedenen Perspektiven von Wirklichkeit. Hierbei erwächst den Führungskräften eine besondere Rolle, aber nicht indem sie manipulativ materielle Aspekte der Unternehmenskultur verändern oder wie die "Helden" bei Deal & Kennedy eigensinnige Maßstäbe setzen, vielmehr eruieren sie, welche Unternehmenswirklichkeiten und Sinngebungen vorherrschen, um zu versuchen, diese durch gezielte Interpretationshilfen und symbolische Führung zu steuern.

### 5.4 Zwischenfazit: Fortschritt durch Integration

Betrachtet man die verschiedenen Forschungsansätze, so eignet sich die integrative Perspektive am ehesten, sich dem komplexen Phänomen Unternehmenskultur verstehend zu nähern und seine materiellen Manifestationen gleichermaßen empirisch zu erfassen. Die dargestellte "Beraterliteratur" eignet sich dazu offensichtlich nicht. Bevor nun die Modelle von Schein, Sackmann und Hatch dargestellt werden, soll eine Definition von Unternehmenskultur erörtert werden. Die Unterschiedlichkeit der idealtypisch dargestellten, paradigmatisch gegensätzlichen Ansätze lässt bereits vermuten, dass von einer einheitlichen Definition von Unternehmenskultur keine Rede seien kann. Somit kann es also nur Ziel eines Definitionsversuches sein, Gemeinsamkeiten herauszudestillieren.

### 6 Definitionsversuch von Unternehmenskultur

Analysiert man verschiedene Zitatensammlungen der wissenschaftlichen Forschungsliteratur (Neuberger/Kompa, 1987, S.17ff.; Neubauer, 2003, S.22; Marre, 1996, S.9; Gontard, 2002, S.7 ff.), so offenbart sich ein unübersichtliches und uneinheitliches Spektrum. Dennoch kristallisieren sich Begriffe wie Grundannahmen, Haltungen, Werte und Normen heraus. Berkel (1997) definiert Werte als "...Beurteilungsmaßstäbe, um bei mehreren Handlungsalternativen Entscheidungen treffen zu können" (S.13) und weiter "Werte sind demnach *Steigerungsperspektiven* oder *Vorzugregeln*, sie steuern und erklären menschliches Entscheiden und Handeln" (S.45; Hervorhebung v. Verf.).

Unter Normen versteht man Verhaltensregeln zur Umsetzung der Wertvorstellungen (Anweisungen, Gebote, Verbote). Die sachliche und zwischenmenschliche Ebene wird durch Normen verbindlich geregelt. Während Werte eher individuell-internalen Charakter aufweisen und keinen speziellen situativen Bezug haben, sind Normen external auf spezifische Situationen bezogen. Grundannahmen sind Werten und Normen logisch vorgeordnet. Diese grundlegenden Annahmen sind implizite Prämissen über das Wesen des Menschen, seiner Handlungen und Beziehungen.

Sackmann (1983) hat ein Ordnungsschema vorgelegt (S.397), welches die zahlreichen Konzepte um einen „Kulturkern" gruppiert.

Neubauer (2003) hat auf der definitorischen Grundlage von Edgar Schein folgende Definition vorgelegt:

> Organisationskultur ist die Gesamtheit gemeinsam geteilter Grundannahmen, Werthaltungen, Normen und Orientierungsmuster, die von den Menschen in einer Organisation zur Bewältigung der Probleme der äußeren Anpassung und der inneren Integration entwickelt wurden und die sich nach gemeinsamer Überzeugung so bewährt haben, dass sie an neue Mitglieder weiterzugeben sind, damit diese in der richtigen Weise wahrnehmen, denken, fühlen und handeln. (S.22)

Neubauer (2003) merkt selbstkritisch an, dass diese Definition einseitig der funktionalistischen Perspektive und somit dem Mainstream verpflichtet ist (S.21). Reduktionistisch werden Interpretationsmuster von Organisationsmitgliedern ausgeblendet, die nicht in der "richtigen Weise wahrnehmen, denken, fühlen und handeln". Die Betonung "gemeinsamer Überzeugung" lässt subkultureller Differenzierung kaum Spielraum.

Prott (2004) fragt kritisch, ob denn Unternehmenskultur nichts weiter sei als die "Quersumme des Gemeinschaftlichen"(S.25), wenn sie als die "Gesamtheit von geteilten Normen, Wertvorstellungen und Denkhaltungen" (S.25) bezeichnet wird. Hiermit würden gesellschaftliche Unterschiede (z.B. Arbeiter/Angestellte, Männer/Frauen, vgl. S.32) unzulässigerweise ignoriert und eingeebnet. Prott (2004) stellt fest, dass Neubauers Definition hinter soziologischen Strukturtheorien zurückfalle (S.26) und nicht zur Kenntnis nehme, dass Grundannahmen stets aus dem Gesellschaftlichen resultieren (S.27).

So zeigt auch Hofstedes (1991) breit angelegte kulturvergleichende Managementstudie auf, dass selbst multinationale Konzerne mit starker Kultur (Beispiel IBM, s.o.) nicht in der Lage sind, die kollektive mentale Programmierung, die Mitarbeiter durch ihre jeweiligen nationalen Kulturen haben, der eigenen Unternehmenskultur anzupassen. Es läßt sich mit Inglehard (1989) hinzufügen: "Grundlegende, sehr früh erworbene kulturelle Orientierungen sind gegenüber Veränderungen resistent" (S.29). Gezielte Sozialisation im Sinne der Unternehmenskultur kann diese in den frühen Jahren des Menschen erworbene kulturelle und gesellschaftliche Prägung nicht nivellieren.

## 7    Das Drei-Ebenen-Modell von E. Schein

1985 veröffentlichte der Sozialpsychologe Edgar Schein sein Buch "Organizational Culture and Leadership: A Dynamic View". Einige Jahre nach Erscheinen der populärwissenschaftlichen US-Bestseller wird hier versucht, systematische Methodik zur Darstellung und Erfassung von Unternehmenskultur zu entwickeln, die wissenschaftliche Präzisierung bietet und kritische Prüfung ermöglicht. Scheins Veröffentlichung ist selbst heute noch von herausragender Bedeutung und dient vielen Forschern als systematische Grundlage (Scholz, 1997, S.227). Sein Kulturkonzept kann als reflektierte Variante funktionalistischer Variablenansätze (s.o.) betrachtet werden.

Zunächst entwirft er eine Definition von Kultur, von der Drumm (1991) sagt, sie zeichne sich "...durch besondere Präzision und Ansatzpunkte zur Operationalisierung aus" (S.164). Zur Beobachtbarkeit, Messbarkeit und Machbarkeit bezieht er eine differenziertere Position als der rein funktionalistische Variablenansatz einerseits, aber auch als der Metaphernansatz andererseits. In seinem Modell unterscheidet er nach den Kriterien von Bewusstheit und Abstraktionslevel drei Ebenen (vgl. Anhang A).

## 7.1    Die drei Ebenen: Artefakte – Werte - Grundannahmen

### 7.1.1    Artefakte (artifacts) – sichtbar aber schwer zu entschlüsseln

Die oberste Ebene bilden die Artefakte und Schöpfungen; sie bilden die Oberfläche der Kultur, die "...man sieht, hört und fühlt" (Schein, 1995, S.30). Dazu zählen die Architektur und Gestaltung der Räume, sichtbare Technologien, Strukturen und Prozesse, dazu zählen des weiteren Sprache, Gefühlsäußerungen, Legenden, Geschichten, Kommunikation über Unternehmenswerte, beobachtbare Rituale und Zeremonien und sogar Witze (vgl. Neuberger, 1988).

Auf dieser Ebene wirkt Kultur sehr unmittelbar und offensichtlich, aber Schein (1985) weist auf die entscheidende Problematik hin, dass man nicht weiß "...what the artefacts mean, how they interrelate, what deeper patterns, if any, they reflect" (p. 15).

Hier liegt der Grund für die Klassifizierung reflektiv-funktionalistisch, die Scheins Modell von vielen anderen, jedenfalls der zitierten Beraterliteratur, deutlich abhebt. Wo diese aufhören, beginnt Scheins Ansatz erst. Schein fordert, die Grundannahmen zu erforschen, die von den Artefakten widergespiegelt werden. Die Ebene der Artefakte ist sichtbar, aber nur schwer zu entschlüsseln.

### 7.1.2 Bekundete Werte (values) – Basis für Problemlösungen

Die zweite Ebene als mittlere Stufe des Bewusstseins stellt bekundete Werte dar. Im Unterschied zu Berkels Werte-Definition (s.o.), begreift Schein "...Werte als Basis, die den Problemlösungen eines Individuums in unbekannten Situationen zugrunde liegt" (Gontard, 2002, S.27). Es handelt sich also um bekundete Rechtfertigungen für Strategien, Ziele und die Philosophie des Unternehmens. Schein (1995) unterscheidet zwischen "espoused" und "shared values" (S.32). Man stelle sich vor, eine Abteilung eines Unternehmens steht vor einem Problem, ein Mitarbeiter bringt einen Lösungsvorschlag ein, für den er Partei ergreift (espoused). Dieser Vorschlag hat den Status eines Wertes, der zur Disposition steht, also diskutiert, kritisiert und überprüft wird, denn es stehen schließlich Alternativen im Raum. Nimmt die Abteilung den Lösungsvorschlag als erfolgreich wahr, wird diese Strategie in einem Prozess "*kognitiver Umwandlung*" (S.32; Hervorhebung v. Verf.) zu einem gemeinsamen Wert (shared value). Bei dauerhaftem Erfolg wird dieser gemeinsame Wert in eine Grundannahme transformiert. Es ist zu unterscheiden zwischen Werten, "...die den zugrunde liegenden Annahmen entsprechen, und denen, die in Wirklichkeit nur rationale Erklärungen oder angestrebte Ziele darstellen" (S.32). So erklärt sich auch das Auftreten widersprüchlicher Werte. Um Unternehmenskultur wirklich erschließen zu können, müssen die Grundannahmen analysiert werden.

### 7.1.3 Grundannahmen (basic assumptions) – Die kulturelle Essenz

Die dritte Ebene der grundlegenden Annahmen bildet das kulturelle Paradigma einer Organisation oder die "Essenz einer Kultur" (S. 33). Grundannahmen sind aus "shared values" entstanden und gleichwohl wieder Ausgangspunkt für Werte und Handlungen. Diese Prämissen sind implizit, unsichtbar und zu "Selbstverständlichem" (S.33) geworden, so dass sie nicht mehr hinterfragt werden, langfristig konstant und nicht verhandelbar sind. Sie bieten kognitive Stabilität und

Sicherheit, so dass jeder Zweifel an ihnen massive Abwehrreaktionen erzeugt. Da Grundprämissen sich aus Werten entwickeln, die zuvor zur Diskussion standen, trifft man laut Schein "...innerhalb eines kulturellen Verbandes nur auf geringe Unterschiede..."(S.33). Die Ebenen der Artefakte und Werte bauen auf Grundprämissen auf und sind somit zu einem festen Kulturmuster verknüpft.

## 7.2   Sechs Kategorien als inhaltliche Schemata

Schein identifiziert sechs abstrakte Kategorien, die ein inhaltliches Ordnungsschema für die Grundprämissen darstellen. Diese Kategorisierung geht auf die "...klassische vergleichende Kulturstudie von Kluckhohn und Strodtbeck (1961) zurück..." (S.91), wurde aber von Schein modifiziert.

### 7.2.1   Wirklichkeit und Wahrheit

Die erste Dimension beschreibt das Wesen von Wirklichkeit und Wahrheit. Es geht um Fragen der Definition von Wirklichkeit und Wahrheitsfindung. Was sind relevante Informationen, wie werden sie ermittelt, interpretiert und wie verläuft der "Prozess der Meinungsbildung" (S.95). Auf der Ebene materieller Wirklichkeit ergeben sich in der Regel kaum Probleme, aber die Interpretation sozialer Wirklichkeit gestaltet sich deutlich schwieriger, da diese nicht empirisch überprüft werden kann, nicht objektiv und nicht verifizierbar ist. Welche Instanz entscheidet über richtig oder falsch, real oder fiktiv?

Vertraut man auf Tradition, auf Autoritäten oder werden Expertenmeinungen handlungsleitend? Hält man sich an Erfahrung oder zieht man die Wissenschaft zu Rate? Wird über Entscheidungen abgestimmt oder werden sie verordnet? Wie hoch ist die Toleranz gegen Unsicherheit und Ambivalenz?

All dies sind Fragen betrieblicher Realität, deren Beantwortung, Wirklichkeit und Wahrheit definieren und zu einem der "wichtigsten Elemente der Kultur" (S.99) machen.

### 7.2.2   Wesen der Zeit

Ähnlich verhält es sich mit dem Wesen der Zeit, deren Verständnis nicht objektiv, sondern eine Frage der Wahrnehmung und des Ermessens ist. Die Alltagssprache gibt Auskunft über den subjektiven Umgang mit Zeit: „Zu spät, Zeit wird verschwendet, Zeit totschlagen, oder mehr als genug Zeit."

In romanischen Ländern gilt eine Verspätung als schick, in nordeuropäischen hingegen als Beleidigung. Ein Unternehmen betrachtet lange Arbeitszeiten als Zeichen hohen Engagements, ein anderes als Zeichen mangelnder Effizienz (Schein, 2003, S.67). Die Festlegung von Kurz-, Mittel- oder Langfristigkeit differiert oft schon zwischen verschiedenen Abteilungen eines Unternehmens. Schein unterscheidet in Anlehnung an monochrone und polychrone Zeit. Eine monochrone Zeitauffassung betrachtet Zeit als "unendlich teilbares Band" (Schein, 1995, S.101), das sich beliebig in Termine unterteilen lässt, aber zu einem bestimmten Zeitpunkt lässt sich nur eine bestimmte Sache erledigen. Ein polychroner Zeitbegriff fasst Zeit als Medium auf, das "...nicht von einer Uhr, sondern vom Erreichten definiert wird und in dem mehrere Dinge gleichzeitig erledigt werden können"(S.102). Polychrone Zeitauffassung eignet sich besonders für komplexe Probleme mit verstreuten Informationen und starker Interaktion (vgl. Dörner, 2001) und ebenfalls für den Aufbau von Beziehungen. Mehrere Angelegenheiten müssen parallel in der Schwebe gehalten werden und finden zu verschiedenen Zeitpunkten ihren Abschluss.

### 7.2.3 Wesen des Raumes

Prämissen zu Bedeutung und Gestaltung des Raumes gehören durch ihre hohe Symbolkraft zu den subtilsten Aspekten der Kultur. Größe und Ausstattung des materiellen Raumes eines Organisationsmitgliedes ist aufzufassen als "direktes Korrelat der Position und des Status" (S.106). Eine offen gestaltete Büroarchitektur verweist implizit auf eine gewollte, unkonventionelle Kommunikation über den formalen Dienstweg hinaus (open door policy). Des weiteren wird Raum begriffen als Interaktionsabstand. Man unterscheidet Vertrautheitsabstand, personalen, sozialen und öffentlichen Abstand, der entfernungsmäßig ethnokulturell festgelegt ist und die Intimität der Beziehung definiert.

### 7.2.4 Natur des Menschen

Annahmen über die Natur des Menschen beziehen sich auf ein implizites Menschenbild: Ist der Mensch gut oder schlecht, ist er handlungs- und entwicklungsfähig, meidet er Anstrengung oder benötigt er nur die richtigen Rahmenbedingungen zur Entfaltung (vgl. Mc Gregor, s.o.)? Jede Kultur transportiert oft völlig unreflektiert ihr eigenes Menschenbild. Wer seinen Mitarbeitern misstraut, installiert Stechuhren und andere weitreichende Kontrollmechanismen (self fullfilling prophecy). Hält man Mitarbeiter für entwicklungsfähig, setzt man auf

Maßnahmen wie beispielsweise Weiterbildung, adäquate Arbeitsinhalte und transparente Beförderungssysteme etc..

### 7.2.5 Das Wesen menschlicher Handlungen

Prämissen zum Wesen menschlicher Handlungen beziehen sich auf Fragen nach der Beherrschbarkeit und Manipulierbarkeit der Umwelt und nach dem Ausmaß eigener Aktivität und Kontrolle (Schein, 1995, S.116).

Diese Kategorie beschreibt, wie die Umwelt eines Unternehmens betrachtet wird: bedrohlich, herausfordernd, übermächtig oder kooperativ. Diese Annahmen prägen entscheidend die Identität und das strategische Marktverhalten einer Unternehmung. Zum Wesen menschlicher Handlungen zählt auch die Abwägung des Verhältnisses zwischen Arbeit und individuellen Interessen (work-life-balance).

### 7.2.6 Das Wesen menschlicher Beziehungen

Jede Kultur enthält Prämissen über das Wesen menschlicher Beziehungen. Einige Kulturen besitzen eine eher "konkurrenz-individuelle Prägung" (wie z.B. die USA, Schein, 1995, S.120), eine Kultur, die dementsprechend Probleme mit teilautonomen Gruppen hat. Andere Kulturen zeigen einen kooperativen Gruppencharakter, wie beispielsweise Japan. Auf Unternehmensebene stellen sich Fragen nach hierarchischer Ausrichtung mit großem Machtgefälle oder egalitären Beziehungen, nach Konkurrenz oder Kooperation, nach Individual- oder Gruppenleistung. Es ist wichtig zu untersuchen, ob sich diese Prämissen auch in Belohnungs- und Kontrollsystemen widerspiegeln. So findet sich oft eine Propagierung von Teamarbeit, und letztlich wird dann doch der "Mitarbeiter des Monats" gekürt. Schließlich stellt diese Kategorie die Frage nach der Legitimation und der Ausübung von Macht.

### 7.3 Zwischenbilanz: Kategorien menschlicher Existenzbewältigung

Die aufgezeigten Kategorien menschlicher Existenzbewältigung bilden einen Ordnungsrahmen für grundlegende Annahmen als Essenz jeder Unternehmenskultur. Die Grundannahmen stellen oft unbewusste Selbstverständlichkeiten dar, die die Unternehmung prägen. Eine Analyse der Artefakte und Werte ist ohne Kenntnis der Grundannahmen nicht möglich. Schein weist nachdrücklich auf die "komplexen Wechselbeziehungen zwischen den Prämissen hin"(Schein, 1995, S.127). Um ein wirkliches Verständnis von der jeweiligen Unternehmenskultur zu bekommen, müssen diese komplexen Interdependenzen analysiert werden. Durch "...den kognitiven Wunsch nach Ordnung und Schlüssigkeit..."(S.124f.) setzen sich die Grundannahmen allmählich zu einem kohärenten Prämissensystem zusammen. Gerade hier können analytisch Widersprüche und Schwachstellen von Unternehmenskultur geortet und verstanden werden, die bei ausschließlicher Betrachtung von Normen, Werten und Artefakten unentdeckt blieben. Ein Beispiel für einen Prämissenwiderspruch wäre gegeben, würde man kategorisch konstatieren, Probleme ließen sich optimal durch individuelles Wissen und Kreativität lösen und gleichzeitig die Prämisse vertreten, Kooperation und Konsens wären die beste Form für Arbeitsbeziehungen.

### 7.4 Externe Adaption und interne Integration

Ausgehend von der sozialpsychologischen Gruppen- und Sozialisationsforschung führt Schein die Entstehung von Unternehmenskultur auf Prozesse sozialen Lernens zurück. Im Zusammenhang mit der Analyse der Grundannahmen muss die Betrachtung der Gruppenprozesse zur Bewältigung der Anpassung an die externe Umwelt und die interne Integration stattfinden (S.73). Diese beiden parallel auftretenden Problemfelder prägen schließlich die Kultur: "Die Kultur spiegelt letzten Endes das Bemühen der Gruppe, interne und externe Schwierigkeiten durch Lernen zu bewältigen, und stellt somit einen Extrakt des Lernprozesses dar"(Schein, 1995, S.73).

### 7.5 Methoden zur Analyse

"*Man versteht ein System am besten, wenn man es zu ändern versucht*" (Schein, 1995, S.37; Hervorhebung v. Verf.), so bezeichnet Schein den Kernaspekt seines "*klinischen Forschungsansatzes*" (S.35; Hervorhebung v. Verf.). Wichtiges Merkmal dieser Methode ist es, dass die Daten aus freiwilligen Angaben der Organisationsmitglieder stammen, die aus eigenem Interesse das Forschungsprojekt initiiert haben. Ein externer Forscher wurde gerufen, um bei einer Problemlösung behilflich zu sein. Zudem erhält der Berater von seinen Klienten "...freie Hand, psychologisch heikle, relevante Fragen zu stellen..." (S.37). Entscheidend ist der Prozess des Eingreifens: Der "klinische Ansatz" ist geprägt von einem qualitativ hohen Grad der inneren Beteiligung des Forschers und gleichzeitig durch einen maximalen Grad der inneren Beteiligung der Probanden (S.36). Schein setzt voraus, dass sich "...eine Kultur nicht ohne weiteres offenbart..."(S.37), man muss aktiv eingreifen, denn: "Die wichtigsten Erkenntnisse über ihre Kulturen stellten sich nämlich erst als Reaktion auf meine Intervention ein" (S.37).

### 7.5.1 Methodologie der zehn Schritte

Schein entwickelt eine Methodologie aus zehn Schritten zur Analyse von Unternehmenskultur. Zentrale Forderung seines Vorgehens besteht in der Kooperation des externen Forschers mit "...motivierten 'Informanten', die dem Unternehmen angehören und seine Kultur verkörpern" (Schein, 1995, S.142; Hervorhebung v. Verf.). Der Berater trifft auf oberflächliche Phänomene der Kultur, die er ohne Kenntnis der Prämissen nicht zu deuten vermag. Der Insider verhindert, dass der Externe der Interpretation seine eigenen Sinnkategorien aufzwingt. Einer subjektiven Voreingenommenheit soll somit vorgebeugt werden. Andererseits unterstützt der Berater den Insider bei der Wahrnehmung und Benennung der Grundannahmen, die diesem oft nicht bewusst sind.

Im ersten Schritt trifft der Berater auf die Gruppe und wird aktiv durch systematische Beobachtung und lässt sich passiv durch erwartungswidrige Begegnungen überraschen (S.144).

Der zweite Schritt schließt sich mit systematischen Beobachtungen an, die zur Überprüfung der "überraschenden Erfahrungen" (S.144) als sich wiederholende Vorkommnisse dienen.

Im nächsten Schritt sucht der Berater einen motivierten Insider.

Der Externe ist im vierten Schritt bemüht eine stabile Beziehung zum Insider aufzubauen um eigene Beobachtungen und Theorien behutsam zu kommunizieren.

Im fünften Schritt wird "Aufklärung durch Kooperation" (S.146) versucht, d.h. der Insider versucht die überraschenden Ereignisse zu erklären, der Forscher erklärt indes das Prinzip der Prämissen und unterstützt den Insider, tiefere Erklärungsschichten zu entdecken.

Die gefundenen Prämissen werden anschließend hypothetisch formuliert, die Suche nach ergänzenden Daten zur Stützung oder Widerlegung der Hypothese kann beginnen.

Der siebte Schritt dient der Systemüberprüfung und Konsolidierung der Hypothesen mittels Fragebögen, Inhaltsanalysen von Dokumenten und Geschichten, formalen Interviews und systematischer Beobachtung, also quasi des gesamten Instrumentariums der quantitativen Sozialforschung. Zu diesem Zeitpunkt sind diese

Methoden sinnvoll, da man dadurch ein gewisses Vorwissen über Kategorien und Probleme erhält.

Der achte Schritt hat durch die "Suche nach den gemeinsamen Prämissen" (S.147) zentrale Bedeutung, da versucht wird, von der bestätigten Hypothese ausgehend, die komplexen Beziehungen von Prämissen, Werten und Verhalten zu entschlüsseln.

Der neunte Schritt dient dazu, das "...begonnene Modell der Kultur laufend zu verfeinern und zu modifizieren..." (S.148).

Im letzten Schritt wird schließlich das kulturelle Paradigma schriftlich fixiert.

### 7.5.2    Methodik der Interviews

Schein schildert ausführlich wie Interviews methodisch durchzuführen sind. Um die Problematik sozialer Erwünschtheit auszuschließen, soll explizit nicht nach Werten und Prämissen gefragt werden. Die Fragen sollen auf Gedanken und Erinnerungen abzielen, beispielsweise durch eine chronologische Schilderung der Unternehmensgeschichte. Man lässt sich Probleme bei externer Anpassung und interner Integration schildern und konzentriert sich dabei auf immer wieder funktionierende Lösungen (Schein, 1995, S.149). Zudem empfiehlt Schein Gruppeninterviews, da sich durch Gruppendynamik "Verborgenes" (S.151) leichter ans Licht bringen lässt und Prämissen durch das Verhalten der Gruppe unmittelbar beobachtbar sind.

Schein lehnt den alleinigen Einsatz der üblichen Umfrageinstrumente ab, solange kein Vorwissen (Schritt 1-6) über bestehende Prämissen und Probleme besteht. Um es lapidar zu sagen: Woher soll der Forscher wissen, wonach er fragen soll? Klassische Instrumente (vgl. S.155) erfassen beispielsweise das Betriebsklima, aber diese Daten sind nichts anderes als "vollgültige Artefakte" (S.155), die dann entschlüsselt werden müssen. Führungskräfte sollen sich hier unbedingt beteiligen.

Schein setzt auf den Dialog mit Insidern, um Zugang zum Unternehmen und schließlich zu den herrschenden Grundannahmen zu gewinnen. Die durch Gruppeninterviews in Gang gebrachte Gruppendynamik stellt für Schein eine unverzichtbare Erkenntnisquelle dar. "Derartiges kann ein Fragebogen nie und nimmer leisten"(S.156).

Schein geht es um die "präzise Abbildung der phänomenologischen Wirklichkeit, so wie sie vom Außenstehenden und Insider gemeinsam erfahren wird" und stellt fest: "Mit der Haltung des distanzierten Beobachters ist man hier zum Scheitern verurteilt" (S.157).

Er bringt ein reichhaltiges Instrumentarium von Methoden zum Einsatz und plädiert zudem für eine Methodenkombination mit ethnografischen und anderen Methoden quantitativer und qualitativer Sozialforschung (S.36 f.) Allerdings weist er ihnen lediglich den Platz flankierender Datenerhebung zu, und dies nicht aus epistemologischen Vorbehalten (s.o.), sondern weil es, seiner Meinung nach, nur der "klinische Ansatz" vermag, Grundprämissen zu entdecken.

## 7.6 Kritik

Gontard (2002) merkt kritisch an, dass es einem externen Beobachter nicht gelingt, ein ungewöhnliches Ereignis als solches wahrzunehmen, wenn es seiner eigenen Sinnkategorie entspricht (S.33f.). Generell stehen die Subjektivität des externen Forschers und des Insiders in der Kritik, die zudem die nötige Motivation und gleichzeitig die nötige Analysefähigkeit besitzen müssen.

Drumm (1991) warnt in diesem Zusammenhang vor einer "Regresskette" (S.165). Wenn Konstrukte wie Grundannahmen durch andere theoretische Konstrukte wie beispielsweise Werte erklärt würden, führe dies zu einem Definitionsregress, der irgendwann willkürlich durchbrochen würde und dann dazu führe, dass es zu einer "unscharfe[n] Zuordnung beobachtbarer Phänomene auf das letzte Glied der Regresskette" (S.165) komme.

Drumm weist zudem darauf hin, dass in der Regel offizielle Werte vorgeschoben werden, da die Äußerung der tatsächlichen Werte und Prämissen mit negativen Sanktionen geahndet werden (S.165).

Zudem birgt die Aufforderung zur Darstellung der wichtigsten Problemlösungen die Gefahr, den Blick für alltägliche Verhaltensweisen, die maßgeblicher für die Kultur sind, zu trüben.

Abschließend sei erwähnt, dass Scheins Zehn-Stufen-Methode insbesondere durch die systematische Beobachtung gleich zu Beginn und deren Diskussion mit den Insidern erhebliche Zeitressourcen benötigt.

## 8    Unternehmenskultur als dynamisches Konstrukt

Die integrierte Sichtweise, dass Unternehmen eine Kultur haben und gleichzeitig eine Kultur darstellen, vertritt Sackmann (1990) mit  ihrer Vorstellung der Unternehmenskultur als dynamischem Konstrukt.

Dieses synthetische Modell soll die ideologischen Polarisierungen des Variablen- und Methaphernansatzes vermeiden. "Unternehmen werden als kulturelle Systeme

36

gesehen, die Gestaltungsmöglichkeiten zugänglich sind"(Sackmann, 1990, S.153) Sackmann (1990) begreift Kultur als "... **komplexes, dynamisches Konstrukt**, das sich in menschlichen Interaktionen und Aktionen gegenüber Problemen entwickelt und das aus **ideellen** und **materiellen** Facetten besteht" (S.162 f.; Hervorhebung v. Verf.). Kulturentstehung wird als evolutionärer Entwicklungsprozess betrachtet, in dem sichtbare und nachvollziehbare Facetten in "...**komplexer, multikausaler Weise** miteinander verknüpft (S.163; Hervorhebung v. Verf.) sind. In der täglichen Problembewältigung wird kulturelles Wissen aus der Umwelt in die Lösungsversuche eingearbeitet. An der Erfahrung von Erfolg werden somit alle Mitarbeiter beteiligt, die dadurch zu Kulturträgern werden und somit ihr Kulturwissen und ihre Interpretationsmöglichkeiten ständig differenzieren. Es können also sehr unterschiedliche Kulturperspektiven entstehen, die zur evolutionären Weiterentwicklung der Unternehmenskultur beitragen. Dieser Ansatz fördert also ein pluralistisches Bild von Kultur. So wird die Entstehung von Subkulturen als natürlicher Interpretationsvorgang gesehen. Dieses kulturelle Wissen ist dahingehend funktional, dass es eine "...common basis for perception, thinking, feeling, and acting..."(Sackmann, 1991, p.42) darstellt. Es dient als "invisible bond" (p.42), da es den Organisationsmitgliedern hilft "...to recognize, frame, and integrate meaningful alternatives from an essentially infinite number of possibilities in similar ways" (p.42). Kulturelles Wissen wirkt motivational durch Sinngebung und Identifikation, dient der Reduzierung von Komplexität und führt so zu koordiniertem Handeln und Kontinuität (p.43). Voraussetzung für jede Kulturänderung sind kulturelle Sensibilität und Bewusstwerdungsprozesse. Führungspersonen wird hier eine besondere Bedeutung zugewiesen ("Führung setzt Zeichen", Sackmann, 1991, S.179), da jedes Führungsverhalten Vorbild- und Orientierungsfunktion hat und somit Ausgangspunkt für Interpretationen darstellt. Hinsichtlich der Analyse von Unternehmenskultur spricht Sackmann von einem methodischen Dilemma. "This dilemma implied that I needed a methodology which could strike a balance between an in-depth ethnography an a 'quick and dirty' questionnaire study" (Sackmann, 1990, p.44; Hervorhebung v. Verf.). Sackmann entscheidet sich für eine "midrange methodology" (p.44).

## 8.1 Midrange Methodology
Der Versuchsablauf wird in fünf Hauptphasen gegliedert (Sackmann, 1991, p. 185):
1. generate insider knowledge,

2. extract themes from the data,

3. further pursue these themes,

4. probe the validity of an emerging hypothesis, and

5. analyze and reanalyze all data collected.

Zunächst wird ein allgemeiner Überblick benötigt, um ein Grundverständnis für die Unternehmung und ihre Funktionsweise zu gewinnen. Zur Exploration wird eine phänomenologisch orientierte *"issue-focused interview technique"* (p.181; Hervorhebung v. Verf.) eingesetzt. Unstrukturiertheit und phänomenologische Offenheit werden durch einen problematischen Kernaspekt relativiert. Diese Problemzentrierung engt das weite Explorationsfeld ein, spezifiziert es zudem und gibt dem Interview eine inhärente Struktur (p.189). Solche Aspekte erzeugen überdies einen Interpretationsdruck und kanalisieren die Aufmerksamkeit (p.181). Sackmann wählt das Problemfeld Innovation, da dieses alltägliche Relevanz für alle Mitarbeiter besitzt (eine Annahme, die sich in nachträglicher Evaluation als falsch herausgestellt hat, p.196) und eng mit Weltbild und Kultur einer Organisation verknüpft ist. Während des Interviews verzichtet der Forscher auf jeden Kommentar und jede Bewertung (p.189). Die Interviews werden einer Inhaltsanalyse unterzogen und Hauptkategorien extrahiert, die mit Beobachtungsergebnissen während des Interviews und Beobachtungen vieler Artefakte und des Verhaltens der Organisationsmitglieder verglichen werden (p.192). Des Weiteren werden Dokumente analysiert, demographische Daten erhoben, kritische Diskussionen mit zwei involvierten, aber nicht beteiligten Kollegen geführt, um möglichst Objektivität und Reliabilität zu sichern (p.195). Validität soll durch den ständigen Vergleich der Hauptkategorien mit Daten, die mit verschiedenen Methoden ermittelt worden sind, erzielt werden (Triangulation). Am Schluss wird mit dem Topmanagement als weiterem Reliabilitätstest eine Feedbackveranstaltung durchgeführt.

## 8.2 Kritik

Prinzipiell gelten hier ähnliche Kritikpunkte wie schon zum Modell von Schein. Die gewählte phänomenologische Orientierung ist unaufdringlich und ermöglicht den Aufbau von Vertrauen. "…it made the interview flexible and led to an open, holistic, and mutual exploration that yielded rich data" (p.196).

Eine Erhebung mittels standardisierter Fragebögen hält Sackmann für unangemessen, denn "such a deductive approach would require many assumptions made by the researcher. Based on evaluation of the existing literature and the lack of empirical knowledge, I felt that, at this point, only an inductive or heuristic approach could answer the questions posed in a satisfactory way" (p.180).

Aber insbesondere der phänomenologische Ansatz hat mit der Subjektivität des Forschers zu kämpfen, die keineswegs dadurch verhindert wird, dass man in explorativen Interviews seine Meinung und Beurteilung zurückhält oder sich mit nicht beteiligten Kollegen unterhält. "Before the interviewees answered, I answered the questions silently based on my understanding of the interviewees' perspective. The interview was continued until such an understanding was reached"(p.195) – eine heuristische Stilblüte, die auf die methodische Schwierigkeit verweist, anstatt sie zu entkräften. Lamnek (1995a) spricht hinsichtlich des Nachvollzugs des subjektiv gemeinten Sinns von häufig anzutreffender methodologischer Unreflektiertheit und "optimistischem Dilletantismus" (S.33).

Neubauer (2003, 67) weist darauf hin, dass der Forschungsprozess nicht ausreichend differenziert und strukturiert ist, was eine Operationalisierung der Konstrukte schwierig macht.

## 9    The Cultural Dynamics Model von Hatch

Dieser Kritik von Neubauer entgegnet das Modell von Hatch, das im folgenden vorgestellt werden soll. Das "cultural dynamic model" baut zwar auf Scheins Drei-Ebenen-Modell auf, unterscheidet sich aber maßgeblich in dem Punkt, dass nicht mehr die einzelnen Elemente im Vordergrund stehen, sondern die dynamischen Beziehungen derselben untereinander. Somit verlieren die Grundannahmen, die von Schein als der Kern der Kultur betrachtet wurden, ihre herausragende Stellung. Symbole, die Schein noch zu den Artefakten zählte, werden als zusätzliches Element in das Modell integriert, um den wachsenden Einfluss symbolisch interpretativer Ansätze zu betonen.

### 9.1    Kreismodell und Transformationsprozesse

Hatch (1997) entwirft ein Kreismodell (vgl. Anhang B), um kein Element zu bevorzugen und Scheins impliziten Hierarchiegedanken zu beseitigen. Besonderes Interesse gilt den wechselseitigen Beziehungen verschiedener Elemente. Diese Transformationsprozesse werden bezeichnet als Manifestation, Realisation, Symbolisation und Interpretation, die in zwei Richtungen wirken: proaktiv oder prospektiv im Uhrzeigersinn, retroaktiv oder retrospektiv gegen den Uhrzeigersinn. „The cultural dynamics model explains culture as the processes through which artifacts and symbols are created in the context of organizational values and assumptions" (p.362).

Auf dieser Grundlage lässt sich dann beschreiben, wie Werte und Grundannahmen durch Anwendung und Interpretation von Artefakten und Symbolen stabilisiert oder aber verändert werden können. Es handelt sich also um eine wechselseitige Beeinflussung zwischen Artefakten, Werten, Symbolen und Grundprämissen in dem Sinne, dass die Veränderung eines Elementes, Wirkung auf die anderen zeigt. Im folgenden werden die Transformationsprozesse im einzelnen dargestellt.

### 9.1.1 Proaktive Manifestation: Von Grundannahmen zu Werten

Im Prozess der proaktiven Manifestation werden aus Grundannahmen Werte gebildet. Prämissen kreieren Erwartungen, die das Wahrnehmen, Denken und Fühlen in Bezug auf eine bestimmte Umwelt beeinflussen. Die Umwelt wird nun unter diesen "Filterbedingungen" (Marre, 1996, S.20) erlebt. In der nachfolgenden kognitiven Verarbeitung können bestimmte normative Überzeugungen und Werte entstehen. Die Grundannahmen können dabei völlig unbeeinflusst bleiben. Hatch (1997) nennt ein Beispiel mit der Grundannahme, Mitarbeiter seien prinzipiell faul (p.362). Die Prämisse produziert Erwartungen, die die Wahrnehmung auf Beispiele fauler Mitarbeiter lenkt. Diese relevanten Wahrnehmungen können beispielsweise Arbeitskontrolle als Wert etablieren. Gleichzeitig behindert diese Prämisse die Erwartung selbständiger, engagierter Arbeit, die dann, selbst wenn es sie gibt, durch einen erwartungsgesteuerten Perzeptionsfilter kaum wahrgenommen wird ("this inhibition suppresses a value for autonomy", p.363). Es kommt mithin zu einer Konkurrenz der Werte. Autonomie, gleichwohl vereinbar mit der Prämisse, Erfolg hinge von Leistung ab, wird vom "value set" (p.363) verdrängt, da Handlungsspielräume von arbeitsunwilligen Mitarbeitern doch nur ausgenützt würden. Also bleibt Kontrolle der dominierende Wert. Dass hier die Gefahr einer self-fulfilling prophecy im Raume steht, bedarf keiner weiteren Erörterung.

### 9.1.2 Retroaktive Manifestation: Von Werten zu Grundannahmen

Werte wirken auf Grundannahmen zurück. Entweder sie bestätigen die bisherigen Grundannahmen oder sie haben sich so stark bewährt, dass sie es vermögen, Prämissen zu verändern (vgl. Neubauer, 2003, S.69).

### 9.1.3 Proaktive Realisation : Von Werten zu Artefakten

In diesem Prozess werden aus den etablierten Werten Handlungen abgeleitet, die nun ihrerseits Artefakte erzeugen. Aus Grundannahmen werden über Werte reale dauerhafte Formen ("given tangible forms", Hatch, 1997, p.364). Es werden, um das Beispiel arbeitsunwilliger Mitarbeiter wieder aufzugreifen, Stechuhren und Leistungsmessungen etc. eingeführt. Allerdings kann von Artefakten nicht unmittelbar auf Werte geschlossen werden, da Artefakte gegebenenfalls situativ determiniert sind. So könnten Stechuhren auch auf Druck von Gewerkschaften eingeführt worden sein, um feste Arbeitszeiten zu sichern oder Überstunden tatsächlich zu erfassen.

### 9.1.4 Retroaktive Realisation: Von Artefakten zu Werten

Die Artefakte wirken auf Werte und somit auf Erwartungen („how it should be", p. 364) zurück. Ähnlich wie bei der retroaktiven Manifestation kann das Ergebnis eine Bestätigung oder eine Abweichung sein. Eine Abweichung kann (im Extremfall) zu Sabotage oder zu Anpassungsprozessen bis hin zu Akzeptanz führen. Auch hier ist stets situativen Einflüssen Rechnung zu tragen. Man stelle sich zum Beispiel vor, neue sicherheitstechnische Vorschriften führen zu baulichen Veränderungen, die Kommunikationswege beeinflussen ,oder ein Architekt wird mit dem "facelifting" des Unternehmengebäudes beauftragt, ist aber mit den Grundprämissen des Unternehmens nicht vertraut.

### 9.1.5 Proaktive Symbolisation: Von Artefakten zu Symbolen

Wie bereits erwähnt führt Hatch den Begriff Symbol in ihr Modell ein. Symbolisierung und Interpretation bekommen somit einen deutlich höheren Stellenwert als im Modell von Schein. Hierdurch wird zudem die wachsende Bedeutung symbolisch interpretativer Modelle bekräftigt. Für Schein sind alle Artefakte immer auch Symbole. Hatch hingegen betont: "Cultural artifacts can become symbols, but not all artifacts do so. An artifact becomes a cultural symbol only when members of the culture attach meaning to it and use the symbol thus made communicate meaning to others." (p.220) Durch prospektive Symbolisation werden Artefakte mit Inhalten aufgeladen, die ihre gegenständliche Bedeutung überschreiten: „A **symbol** is anything that represents a conscious or unconscious association with some wider concept or meaning"(p. 219; Hervorhebung v. Verfasser). Gadamer

(1990) bezeichnet das Symbol als den "Zusammenfall des Sinnlichen und Unsinnlichen" (S. 80).

Aus einem großen Schreibtisch wird mehr als nur eine komfortable Ablagefläche, er wird zum Symbol für Macht und Status. Der Gegenstand Tisch wird – bewusst oder unbewusst – mit dem weit abstrakteren Konzept Macht assoziiert. Der Vorgang der Assoziation ist stets an ein kulturelles Umfeld gebunden.

### 9.1.6 Retrospektive Symbolisation: Vom Symbol zum Artefakt

In diesem Vorgang wird dem Artefakt seine ursprüngliche gegenständliche Bedeutung zurückgegeben. Man stelle sich vor, auch in unteren Hierarchieebenen tauchen plötzlich große Arbeitstische auf. "Der große Tisch" als Machtsymbol wird entzaubert oder entsymbolisiert (vgl. Marre, 1997, S.22).

### 9.1.7 Prospektive Interpretation: Vom Symbol zur Grundannahme

Die Wahrnehmung des Symbols wird mit Bedeutung versehen und mit den Grundannahmen in Beziehung gesetzt. Dieser Prozess kann die Grundannahmen bestätigen oder in Frage stellen: "... the interpretation process ... allows symbols to either maintain or challenge existing assumptions" (Hatch, 1997, p.364). Die Möglichkeit kulturellen Wandels ist auch besonders dann gegeben, wenn Grundannahmen im Interpretationsvorgang "symbolisch herausgefordert" (p.364) werden.

### 9.1.8 Retrospektive Interpretation: Von der Grundannahme zum Symbol

"It (der Interpretationsvorgang, HG) uses assumptions to help determine the meaning of symbols…" (p.364). Das implizite Wissen der Grundannahmen trägt zur Ermittlung der Bedeutung des Symbols bei.

Im Zusammenhang gesehen können beide Interpretationsvorgänge als "hermeneutischer Zirkel" (Neubauer, 2003, S.71) begriffen werden. Der Deutungsprozess beschreibt eine Kreisbewegung, die sich als ein Hin und Her zwischen Symbolen und Grundannahmen vollzieht (vgl. Gutzen, 1989, S.129). Es handelt sich im Grunde um eine Spirale, denn die kreisförmige Interpretationsbewegung erhält durch wachsende Erkenntnis eine zusätzliche Dimension. Zudem wird die "hermeneutische Differenz" (Gutzen, 1989, S.129) zwischen Symbolen und Prämissen verringert.

Vorerfahrungen sind Bedingung für diesen Prozess, und das Ergebnis der Interpretation wirkt auf den Ausgangspunkt zurück. Die Voraussetzung der Vorerfahrung setzt zur homogenen Interpretation somit die gleiche kulturelle Basis der Interpretation voraus. Hier liegt ein Ansatzpunkt für die Analyse kultureller Ambiguität und Subkulturen.

## 9.2 Methoden – "The deeply it goes the less complete it is" (Hatch, 1997, p.223)

Hatch (1997) sieht in der Ethnographie die adäquate Methode zur Erforschung der Unternehmenskultur (p.221). Die Kombination von Beobachtung und Interview wird in einem dreistufigen Verfahren zur Datensammlung und Analyse eingesetzt.

In der ersten Phase werden Artefakte isoliert von ihrem Kontext beobachtet. Eine eigene Interpretation wird zunächst bewusst vermieden. Durch anschließende Interviews werden die Teilnehmer aufgefordert, die Beobachtungen des Forschers zu interpretieren. Zudem zeichnet der Forscher seine eigenen Gefühle und Gedanken während der Interpretationsphase auf (p.221)

Auf die erste Phase der Datenerhebung folgt die zweite Phase der Analyse des Datenmaterials. Spezifische Normen, Werte und Symbolisierungen werden heraus kristallisiert. Im weiteren wird versucht, zwischen den Artefakten und den so eruierten Werten und Symbolen Verbindungslinien und Zuordnungen herzustellen. Hatch beschreibt diesen Vorgang folgendermaßen: "…to link a fair number of artifacts to several norms and values and that you can identify the convergence of some key symbols on one or more cultural themes (e.g., aggression, innocence). It is likely that you will find it useful to go back into the field during this phase of your analysis" (p. 222).

In diesen kreisförmigen Interpretationsprozess werden sukzessive weitere Artefakte als auch Werte und Symbole integriert. Hatch kennzeichnet diese Methode als offenen, sich stets selbst hinterfragenden und korrigierenden Prozess: "…keep reading and rereading your notes, and arranging and rearranging the artifacts and symbols…" (p. 222).

In den dritten Phase verdichten sich die einzelnen Erkenntnisse zu einem Gesamteindruck der Kultur ("larger picture of the culture", p.222), der deskriptiv erfasst wird. Hatch weist darauf hin, dass die zweite Phase die anspruchsvollste ist, da hier der Schritt von Beschreibung zur Analyse vollzogen wird, der oft von großer Unsicherheit auf Seiten des Forschers geprägt ist ("This loss of confidence is natural", p. 222). Aber, so Hatch weiter, "You are not alone, all ethnographers must learn to cope with this aspect of cultural analysis … ", denn "… cultural analysis is intrinsically incomplete" (p.222-23).


### 9.3    Theorie der Ethnomethodologie

Ziel der Ethnomethodologie ist das Verständnis der Konstruktion von Wirklichkeit und Sinnproduktion durch handelnde Personen (Lamnek, 1995a, S.51). Es geht um Entstehung, Anwendung und Veränderung von Sinndeutung und Handlung. Gegenstand ethnographischer Forschung sind stets soziale Gefüge, da Sinnkonstruktionen lediglich im Interaktionsprozess entstehen können.

Lamnek (1995a) identifiziert Kontext, Indexikalität und Reflexivität als Grundbegriffe der Ethnomethodologie (S.52).

Als Kontext bezeichnet man stabile Muster von Strukturen und Situationskomplexen -hier sind Normen, Werte und Symbole anzusiedeln- , die zu Selbstverständlichkeiten geworden sind.

Die Beziehung von Artefakten und zugrundeliegenden Werten (Kontext) wird als Indexikalität bezeichnet. Zur Bestimmung der Indexikalität wird ein Vergleich zwischen Phänomen und Kontext mittels dokumentarischer Interpretation (vgl. zweite Phase der Methodik von Hatch) vorgenommen. Die Muster und Phänomene werden vom Forschungsvorgang tangiert, d.h. sie konstituieren sich jeweils neu (vgl. Hermeneutischer Zirkel).

Reflexivität bedeutet, dass von einem Artefakt auf ein Muster geschlossen werden kann und das Muster das Phänomen erklärt. Nach dem Prinzip des dynamischen Modells von Hatch handelt es sich um wechselseitige Prozesse, so dass auch Phänomene die Grundmuster beeinflussen können.

Es handelt sich um einen subjektivistischen Ansatz, der auf der Grundlage des sozialen Konstruktivismus nach der Entstehung von Sinn fragt und somit jedem Strukturfunktionalismus eine Absage erteilt.

Die Ethnomethodologie ist in dem Sinne empirisch, dass ihr Untersuchungsfeld die soziale Realität ist. Objektivität und Non-Reaktivität werden nicht angestrebt (Lamnek, 1995a, S.56). Der Forscher nimmt zum Zwecke besseren Verständnisses des Forschungsfeldes Einfluss auf dasselbe.

Quantitative Methoden kommen nicht zum Einsatz, und es existiert a priori kein theoriebegründeter Leitfaden. Ohne Intersubjektivität zu berücksichtigen, ist die

Ethnomethodologie allerdings geeignet, einen tiefen Einblick in die jeweilige Unternehmenskultur (Einzelfallstudie) zu gewinnen.

## 9.4 Kritik

Das dynamische Modell von Hatch ist differenzierter strukturiert als der Ansatz von Schein. Die Prozesse sind durch genaue Darstellungen leichter zu operationalisieren als im Scheinschen Modell, wenngleich Symbolisierung und Interpretation sich kaum trennen lassen. Da sich hier Kultur als Ergebnis dynamischen Zusammenwirkens mehrerer, nicht hierarchischer Elemente konstituiert, lassen sich Veränderungsmaßnahmen klarer definieren und umsetzen. Hatch (1997) betont die Bedeutung symbolischer Führung, warnt aber gleichermaßen vor der Illusion, Interpretationen kontrollieren zu können. "The message to leaders is, you have more symbolic power than you realize, but less controll ( over interpretations) than you probably desire" (p.365).

Führungskräfte haben ihren Platz *mitten* in der Organisation. Der dynamisch-interpretative Ansatz vertritt das Menschenbild des "symbolic man" (p.211), welches nicht mehr mit dem Kontrollbegriff klassischer Managementtheorien vereinbar ist. Aufgabe und Wirkung einer Führungskraft liegen darin begründet, die eigene symbolische Bedeutung zu empfinden und zu erkennen, wie sich diese Bedeutung durch die Interpretation der Organisationsmitglieder immer wieder ändert: „As a symbol  operating within cultural processes, managers only create change when the interpretations others give to them (and to their words and actions) produce changes in assumptions, values, and/or artifacts" (p.366).

## 10 Unternehmenskultur, Führung und Managementstrategien im Wandel

Wie die bisherigen Ausführungen belegen, spielt Führung für die Unternehmenskultur eine zentrale Rolle. Postulieren die Variablen-Ansätze die Führungsperson als überwiegend manipulativen Macher, der eine funktionale Wunschkultur herstellt, so lehnen Metaphern-Modelle die Interventionsmöglichkeiten paradigmatisch ab. Integrative Modelle plädieren für kultursensitives Management durch Führungskräfte.

Ebers spricht von enger wechselseitiger Beeinflussung von Unternehmenskultur und Führung. Einerseits beeinflussen kulturelle Bedingungen Führungsprozesse, andererseits wirkt Führungshandeln auf die Kultur zurück. Kultur ist somit Bedingung und Folge von Führung et vice versa. Die Analyse von

Unternehmenskultur als "geronnenes Ergebnis von (Führungs)- Interaktionen" (Ebers, 1995, Sp. 1678) führt zur Reflexion des Führungsverhaltens.

## 10.1    Führung als soziales Phänomen

Wie gezeigt haben ökonomische und technische Veränderungen sowie Wertewandel nachhaltigen Einfluss auf Unternehmenskulturen. Die Entwicklung kultureller Perspektiven vollzieht sich tendenziell von einseitigen Variablen-Ansätzen des "culture engineering" zum kultursensitiven Management.

Die Betonung der Organisationsmitglieder besonders in interpretativen und integrativen Kulturperspektiven korrespondiert mit der Sichtweise von Führung als sozialem Phänomen (Wiendieck, 1994, S.213). Führung als soziale Interaktion lässt eher statische eigenschafts- und verhaltenstheoretische Ansätze (Wiendieck, 1994, S.219ff.) zurücktreten zugunsten neuerer Theorien (Spieß, 1999, S.101) wie attributionstheoretischen   Ansätzen  und  Modellen  transformationaler  und symbolischer Führung. Kooperative Führung mit ihren Hauptelementen Delegation und Partizipation entspricht heutigen Anforderungen neuer Technologien, hoher Komplexität, Globalisierung, schlanken Organisationen und generell veränderten Strukturen (Rosenstiel, 2004, S.544) einerseits und dem Autonomiebestreben der Mitarbeiter andererseits in weit höherem Maße als dies ein autoritärer Führungsstil vermag.

## 10.2    Managementstrategien zwischen Autonomie und Kontrolle

Eröffnet man Mitarbeitern durch Hierarchieabflachung und Dezentralisation größere Handlungsspielräume (Wiendieck, 1994, S.248 ff.) zur Bewältigung zunehmender Komplexität, bedeutet dies für das Management Kontrollverlust. Gebert (2004) spricht von einer dilemmatischen Konstellation zwischen Autonomie und Kontrolle, die es auszubalancieren gilt (Sp.195-204). Es entstehen neue Formen zentraler Steuerung.      Restrukturierungsmaßnahmen      sehen      dezentralisierte Handlungsspielräume vor (Autonomie), die gleichzeitig durch informationelle (controlling) und normative (Kultur) Steuerung begrenzt werden (Wiendieck, 1994, S. 249-255). Eine Erweiterung der Autonomie und gleichzeitige Zentralisation sind als ergänzende Strategien möglich (zentralisierte Dezentralisation, vgl. Gebert,2002, S. 153). Kultur dient als normatives Steuerungselement, während Führung die Widersprüche balanciert.

## 10.3    Der St. Gallener Organisationsansatz

Eine mögliche Antwort auf zunehmende Komplexität vor dem Hintergrund sich stark beschleunigender Dynamik (Bleicher, 2004, S.34), bietet innerhalb der Managementforschung der systemtheoretische Ansatz der St. Gallener Gruppe. Es handelt sich um eine systemisch-kybernetische Perspektive, nachdem eine Entwicklung von Kybernetik I zu Kybernetik II vollzogen wurde (Staehle, 1999, S.43). Handelte es sich bei Kybernetik I noch um einfache, mechanistische Input-Output-Modelle, so befasst sich Kybernetik II bereits mit Aspekten wie Flexibilität, Evolution, Autonomie, Selbstreferenz und Autopoiesis.

### 10.3.1    Theoretische Grundlagen

Der St. Gallener Ansatz geht von selbstorganisierenden Systemen aus, die nur in begrenztem Maße gestalt- und steuerbar sind. Die kritischen Größen von Selbstorganisation sind Autonomie, Redundanz, Komplexität und Selbstreferenz (Klimecki/Probst, 1990, S.53-56).

Systeme gestalten sich autonom aus sich selbst heraus, und ihre Erhaltungsprozesse sind operationell geschlossen (Fein, 1995, Sp.752).

Alle Beziehungen und Interaktionen wirken nur zwischen Systemkomponenten und erzeugen so Einheit und Identität des Systems. Die Wirkungsweise ist nicht fremdbestimmt, was allerdings keine vollständige Unabhängigkeit von der Umwelt bedeutet (Klimecki/Probst, 1990, S.54). Die Konsequenz dieser vielfältigen Wechselbeziehungen der Systemkomponenten ist eine Komplexität, deren Folgen nicht eindeutig vorhersagbar sind und ein zielgerichtetes Eingreifen erschwert (Prinzip der nichttrivialen Maschine, vgl. Kasper, 2004, Sp.620).

Viele Funktionen und Beziehungen kommen mehrfach vor, Fähigkeiten sind redundant über Subsysteme verteilt, so dass jede Komponente gestaltende Funktion übernehmen kann. Hierarchien werden zugunsten eines heterarchischen Prinzips relativiert (Scholz, 1997, S.197ff.). Komplexe soziale Systeme handeln und beobachten sich dabei selbst (vgl. Luhmann, 1984, S. 314). Der Prozess der Grenzziehung ist eine soziale Konstruktion, sie stellt die Differenz zwischen System und Umwelt her -Schreyögg spricht von „konstruktivistischem Perspektivenwechsel" oder einer "selbstreferentiellen Wende" (Schreyögg, 2004, Sp.1081)- und ermöglicht, dass sich das System auf sich selbst beziehen kann. Jedes Verhalten einer Systemkomponente wirkt auf das ganze System und wieder auf die Komponente selbst zurück, somit ist jede Veränderung wieder Ausgangspunkt weiterer

Veränderungen. An diesem Punkt wird klar, dass es quasi unmöglich ist, eine Organisation von außen zu planen und zu steuern, wenn man nicht selbst Teil des Systems ist.

Ein weiteres Prinzip des St. Gallener Ansatzes ist das Konzept der spontanen Ordnung. Ordnungsmuster sind das Ergebnis autonomer Wirkungsprinzipien und besitzen eigendynamischen Charakter. Anpassungsfähigkeit und Komplexitätsbewältigung sind in solchen heterarchischen Systemen weit größer als in hierarchischen.

Im Weiteren wird das Konzept selbstreferentieller Systeme an die Theorie der Autopoiesis (Maturana, 1985) angeschlossen. Staehle (1999) spricht von "...einer sehr fruchtbaren Verbindung zwischen natur- und sozialwissenschaftlichen Systemansätzen..."(S.48). Autopoiesis bezeichnet den Mechanismus der Selbsterzeugung, d. h. nicht nur werden die Strukturen als Folge der Selbstorganisation erzeugt, sondern auch die Systemkomponenten reproduzieren sich selbst. Scholz (1997) pointiert: "...sie (die Komponenten, HG) ersetzen kontinuierlich Elemente, aus denen sie bestehen, mit Hilfe der Elemente, aus denen sie bestehen" (S.196).

## 10.3.2 Kritik

Es muss kritisch angemerkt werden, dass die Übertragbarkeit biologischer Ansätze und kybernetischer Modellvorstellungen auf Organisationen weitgehend ungeklärt und empirisch nicht nachgewiesen ist (Scholz, 1997, S.193). Eine naive Analogie biologischer und sozialer Systeme endet schließlich an der Möglichkeit der Reflexions- und Korrekturfähigkeit sozialer Systeme (Goebel, 2004, Sp. 1317).

Des weiteren bleibt fraglich, inwieweit die Entstehung spontaner Ordnung bei straffen Hierarchie- und Controllingstrukturen tatsächlich möglich ist.

Scholz (1997) plädiert für das Prinzip begrenzter Autopoiesis. Aufgrund der Tatsache, dass offene Systeme in ständigem Austausch mit der Umwelt existieren, wird Autopoiesis notwendig eingeschränkt (S.196-97).

Eine schwerwiegende praktische Problematik aus der Akzeptanz des Prinzips selbstorganisierender Systeme besteht darin, dass Organisationen als Chaosprävention zu konservativen Strategien verstärkter Kontrollmechanismen neigen (Scholz, 1997, S.193).

### 10.3.3  Capras "Wendezeit"

Bleicher (2004) spricht in Bezug auf Capras "Wendezeit" (2004) von einem nötigen Paradigmenwechsel im Management. Traditionelles Denken, Prämissen und Erfahrungen und die dementsprechenden Methoden des Managements sind der rasanten Veränderung der Märkte und der Komplexität der Probleme nicht mehr gewachsen. Von daher wird ein Wechsel vom technokratischen zum humanistischen Management-Paradigma angemahnt (Bleicher, 2004, S.33). Gefordert wird eine ganzheitlich-systemische unternehmerische Betrachtungsweise, um die Handhabung von Komplexität als zentraler Managementaufgabe zu bewältigen (S.53). Unternehmen stehen als offene Systeme in einem ständigen Anpassungsprozess mit gesellschaftlichen und ökonomischen Umwelten. Notwendig ist zudem ein systemisches Denken als Wechselspiel zwischen Teil und Ganzheit rsp. Analyse und Synthese. Lineares und monokausales Denken muss ersetzt werden durch Denken in Netzwerken mit vielfältigen Interdependenzen. Statisches Denken wird durch kybernetische Betrachtungsweise, also durch prozesshaftes, dynamisches Denken mit Kenntnis der Strukturen des Systems abgelöst (S.54). Aufgrund dieser theoretischen Erörterungen lassen sich Handlungsweisen für das Management ableiten.

### 10.3.4  "Megatrends des Managements" (Bleicher, 2004, S.64)

Statt eines technokratischen Führungsverständnisses orientiert am "entscheidungsfreudigen Macher" (Bleicher, 2004, S.64) ist eine Evolution spontaner sozialer Ordnungen zu fördern. Die Führungskraft gestaltet Rahmenbedingungen für evolutorische Entwicklung. Führung sollte generell von asymmetrischer Einflussnahme zu gegenseitiger Kooperation übergehen. Zudem muss hinsichtlich der Problemlösequalität eine Fokussierung auf das Management der Human Ressources als kritischem Erfolgsfaktor stattfinden (S.65), da sich klassische Instrumente wie beispielsweise eine Überbetonung des Rechnungswesens mittlerweile als obsolet, wenn nicht als kontraproduktiv herausgestellt haben (S.242). Begegnete man zunehmender Komplexität bisher mit hochgradiger Arbeitsteilung, Spezialisierung und Standardisierung, spricht Bleicher bei dieser Systemstrategie von einer "Sinnbremse" (S.66) und fordert stattdessen zur "Generalisierung von Aufgaben und Verantwortung" (S.66) auf.

Entscheidend für schnelle und qualitative Reaktionen auf Umweltveränderungen ist die "Intelligenz eines Systems" (S.68). Der Grad der Intelligenz hängt ab von der

"Strategie-Struktur-Kultur-Integration" (S.68). Ein harmonisches Zusammenwirken dieser Komponenten fördert die überindividuelle Intelligenz des Unternehmens. Dezentrale und autonome Strukturen geben Freiraum und fördern Selbstentwicklungstendenzen. Die Offenheit des Systems fördert die Evolution eines Kulturwandels. Nonkonformität kultureller Prägung, also Subkulturen, werden zugelassen und sogar gefördert (S.68).

### 10.3.5 Normativ- strategisch- operativ

Um Führungskräften einen Paradigmenwechsel zu ermöglichen, wurde ein Bezugsrahmen entwickelt, der der Ganzheitlichkeit und Integration vielfältiger Aspekte zu einem Netzwerk Rechnung trägt. Das St. Gallener Management-Konzept besteht aus drei logisch abgegrenzten, aber integriert zu betrachtenden Dimensionen (vgl. Anhang C).

Das normative Management begründet die Aktivitäten des Unternehmens durch seine Module Verfassung, Politik und Kultur. Hier werden die Legitimität des Handelns, die generellen Unternehmensziele sowie die Werte und Normen festgelegt. Die Unternehmenspolitik wird durch die Verfassung formal und von der Kultur inhaltlich getragen, womit keine hierarchische Beziehung, sondern eine "rückkoppelnde Vernetzung" (S.267) verfolgt wird.

Das strategische Management analysiert bestehende und zukünftige Erfolgspotentiale am Markt und richtet die Aktivitäten in Abhängigkeit von der Mission mittels Strukturen, Systemen und Programmen dementsprechend aus (S.81 f.). Während normatives und strategisches Management die Rahmenbedingungen festlegen – die normative Dimension ist der strategischen logisch vorgeordnet –, finden sie ihre Umsetzung im operativen Vollzug.

Um diese drei Dimensionen integrieren zu können, bedarf es einer Vision, die von der Managementphilosophie des jeweiligen Unternehmens abgeleitet ist. Die Philosophie umfasst unter anderem das zugrundeliegende Menschenbild, die Wertstrukturen und eine generelle Sinnorientierung.

### 10.3.6 Kultur als Autopilot

Die Unternehmenskultur beschreibt die Verhaltensdimensionen normativen Managements. Der St. Gallener Ansatz ist dem radikalen Konstruktivismus verbunden, und baut auf kognitiver Psychologie, Autopoiesis und der Systemtheorie auf (Stähle, 1999, S.68). Die Kultur hat die generelle Aufgabe, "...der Zentrifugalität allgemeiner gesellschaftlicher Werteentwicklung durch die Ausdifferenzierung eines sytemspezifischen Sinnbezuges entgegenzuwirken" (Bleicher, 2004, S.266). Sie verleiht dem Unternehmen seine eigene Identität. Bleicher lehnt sich am Scheinschen Modell an, um die verschiedenen Ebenen der Unternehmenskultur zu kennzeichnen. Unternehmenskultur wirkt im Sinne impliziter Verhaltenssteuerung wie ein "Autopilot" (S.239), indem sie den Organisationsmitgliedern eine Bandbreite erwünschten Verhaltens aufzeigt oder eine negative Ausgrenzung nicht erwünschten Verhaltens vornimmt. Unternehmenskultur trägt die Politik und wirkt als "Fundament der erstrebten strategischen Stoßrichtung" (S.248), indem durch kulturgeprägte Perzeption bestimmte Ziele und Strategien präferiert werden.

Es ist genau diese Schnittstelle, die zahlreiche Fusionen, Akquisitionen und Merger scheitern lässt. Steht die Unternehmenspolitik nicht in Einklang mit den Werten und Normen einer etablierten Kultur, so werden die unternehmenspolitischen Absichten früher oder später scheitern. Weicht man nicht von der politischen Richtung ab, so kommt es zu einer Kulturänderung, die dann in der Regel eine "Kultur-Revolution" bedeutet, also eine Restrukturierung im normativen Bereich, die bei den Kulturträgern ansetzt.

Unternehmenskultur bildet sich im Sozialisationsprozess der Mitarbeiter weitgehend evolutorisch und spontan heraus (S.238). Es handelt sich um Selbstorganisationsprozesse als das Resultat vielfacher Interaktionen in einem Netzwerk.

Kulturgestaltung bedeutet bei dieser Ausgangslage die Bereitstellung von Rahmen- und Prozessbedingungen (Klimecki/Probst, 1990, S.61). Führungskräfte nehmen bei der Entstehung und Gestaltung der Unternehmenskultur mittels Vorbildfunktion und symbolischer Führung eine prägende Rolle ein. (Bleicher, 2004, S.239) Vor dem Hintergrund der Systemtheorien mit dem Prinzip der Selbstorganisationen muss stets bedacht werden, dass der klassische Begriff der Führung stark eingeschränkt werden muss, so dass die Führungsaufgabe vor allem in der Steigerung der Selbststeuerungskapazitäten besteht (Kasper, 1995, Sp.1367) und die Führungsperson nicht als Macher, sondern eher als "Katalysator" (Probst/Naujoks, 1995, Sp.920) in Erscheinung tritt.

Weitere Aspekte der Kulturentstehung sind Dauerhaftigkeit der Interaktionen und die "situative Erlebnistiefe" (Bleicher, 2004, S.240), d.h. wie intensiv kritische Situationen gemeinsam erlebt werden.

### 10.3.7 Funktionalität von Subkulturen

Werden Subkulturen in vielen Ansätzen als Störfaktor einer homogenen Kultur bezeichnet, haben sie im St. Gallener Ansatz funktionale Bedeutung. Unternehmenskulturen sind als komplexe, offene und dynamische Systeme zu betrachten, so dass tätigkeits- oder abteilungsspezifische Nischen vertraute Sicherheit im interaktiven Erleben bieten. Gesamtkultur und Subkultur stehen zueinander in einem Spannungsverhältnis von Differenziertheit und Harmonie (Bleicher, 2004, S.261). Ein hoher Harmonisierungsgrad in einem dynamisch-instabilen Umfeld führt zu einem Konsens, der spannungsreiche, subkulturelle Impulse und somit eine notwendige innovative Perspektivenöffnung verhindern kann. Die funktionale Bedeutung von Subkulturen oder sogar counter-cultures liegt in ihrem hinterfragenden und konflikträchtigen Ringen um andere, möglicherweise zukunftsweisende Werte und Perspektiven und in der Möglichkeit, Diskontinuitäten eines instabilen Umfeldes zu bewältigen (S.244). Eingeebnete harmonisierte Einheitskulturen verkommen leicht zu „*Friedhofskulture*n" (S.245; Hervorhebung v. Verf.). Wird andererseits das Ausmaß der Differenziertheit zu groß, droht kulturelle Desintegration, da die eigentliche Unternehmenskultur keine Indentifikationskraft mehr besitzt. Zu starke Subkulturen bedrohen dann das strategische Management, dessen Fundament die Unternehmenskultur ist. Entgegenwirken lässt sich in solchen Fällen durch sinnvermittelnde Maßnahmen, die sich auf die gesamte Unternehmung beziehen. Abteilungsübergreifender Personalaustausch (cross-trainings, taskforces etc.), Rotation zentraler Träger von Subkulturen sowie Anreizsysteme, die erfolgreiches gesamtsystemisches Verhalten belohnen, wirken in Richtung einer einheitlichen Unternehmenskultur. Trotz erhöhtem Koordinationsbedarf plädiert Bleicher für eine "wertdifferenzierende Kultur" (S.286). Derartige Kulturen sichern eine evolutorische Dynamik und, in ihrer Offenheit, eine vielfache Verflechtung mit wichtigen Umweltsegmenten (S.272). Dieses Plädoyer bedeutet eine deutliche Abkehr von technokratischer Unternehmensführung und einer Instrumentalisierung des Mitarbeiters.

Die Autopilot-Funktion der Unternehmenskultur wird dabei allerdings in Zukunft ausfallen, denn es werden wieder intensiver kultursensitive Führungskräfte zur Prozesskultivierung und Sinnvermittlung nötig werden.

# 11 Neue Führungskonzepte

Die Neue Führungsforschung (Schreyögg/Sydow, 1999, Vorwort) stellt die soziale Interaktion zwischen Führenden und Geführten in den Mittelpunkt der Betrachtung. Eigentlicher Ausgangspunkt dieser Entwicklung war die Attributionstheorie, die die Kognitionen und die Wirklichkeitskonstruktionen der Geführten in das Zentrum des Interesses rückte. Zur Überwindung generalisierender Aussagen ("one best way") über richtige Führung und einer zu starken Betonung des Führenden ("great man theory"), trägt maßgeblich der LMX-Ansatz bei, der intensiv – im Sinne der Rollentheorie – die Dynamik der Beziehung zwischen Vorgesetztem und Mitarbeiter beleuchtet. Vermittlung von Werten und Visionen sowie von Orientierung und Sinn in unsicheren, komplexen und vom Wandel betroffenen Umwelten ist zentraler Inhalt des visionär- charismatischen Konzepts transformativer Führung.

In besonderer Nähe zur Unternehmenskultur steht das Konzept symbolischer Führung.

## 11.1 Attributionstheorien: Das Wahrnehmungsphänomen Führung

Determinierten die Eigenschaftstheorien Führung noch gänzlich durch die Persönlichkeit des Führenden, tritt bei den Interaktionstheorien der situative Kontext zwischen Führenden und Geführten. Die Attributionstheorie geht von der These aus, Führung sei "ein hypothetisches Konstrukt" (Mitchell, 1995, Sp.846), das sich in den Köpfen der Geführten herausbildet.

Das Wahrnehmungphänomen Führung existiert nicht unabhängig von den Geführten, sondern ausschließlich in deren Kognitionen. Führung als "(vor)- bewusster Zuschreibungsprozess" (Weibler, 2004, Sp.296) basiert auf "impliziten Orientierungsmustern" (Steinmann/Schreyögg, 2005, S.648).

Diese subjektiven Führungstheorien entstehen aus (stereotypen) prototypischen Vorstellungen und Erwartungen über Führungsverhalten, die sich in Sozialisationsprozessen herausbilden und stark kulturell verankert sind (Stähle, 1999, S.371). Weibler (2004) verweist darauf, dass eine Beliebigkeit der Attributionen innerhalb einer Gemeinschaft faktisch ausgeschlossen ist (Sp.296). Dem gesellschafts- und unternehmenskulturellen Umfeld kommt hier eine entscheidende Bedeutung zu (Rosenstiel, 2004, S.519).

Calder (1977, S.196) hat ein vierstufiges Prozessmodell vorgelegt, das die Entwicklung von Führungsattribution darstellt.

Zunächst beobachtet der Geführte die Handlungen des Führenden oder schließt durch erkennbare Wirkungen auf diese zurück.

Die zweite Stufe dient der "Beweisführung" (Neuberger, 1995, S.209): unterscheidet sich das Verhalten der Führungspersonen klar vom Verhalten der Geführten und hält es einer Prüfung mit impliziten Führungstheorien stand? Des Weiteren wird während dieser Phase geprüft, ob das Verhalten wirklich ausgeprägt und intensiv genug ist, um als Führungseigenschaft bezeichnet zu werden, ob das Verhalten einfach nur aus Gründen sozialer Erwünschtheit erfolgt, was als negativ bewertet werden würde, und schließlich, ob das gezeigte Verhalten charakteristisch für den Führenden ist, also zeitlich und situativ konstant.

Erst wenn diese Fragen positiv bewertet wurden, wird in der dritten Stufe eruiert, welche wirklichen Alternativen zur gewählten Handlungsweise bestanden.

In den vierten Stufe wird schließlich geprüft, ob bisheriges Verhalten persönliche Relevanz für den Geführten besitzt, ihm also Vorteile bringt und mit seinen Zielen übereinstimmt. Erst nach Durchlaufen des gesamten Prozesses mit für ihn positivem Ergebnis ist der Geführte bereit, dem Vorgesetzten – analog dem Kovariationsprinzip (vgl. Meyer/Försterling, 2001, S.187ff.) – innere Führungsqualitäten aufgrund beobachtbaren Verhaltens zuzuschreiben.

Besonders die vierte Stufe des Attributionsprozesses macht deutlich, dass es sich keineswegs um eine sachliche und neutrale Prüfung handelt. Das Urteil ist von Erwartungen der Geführten abhängig und individuell verzerrt. Rosenstiel (2004, S.519), weist im Rückgriff auf die Theorie der sozialen Identität (Tajfel, 1978, vgl. Frey/Stahlberg/Gollwitzer, 2001, 372-374) darauf hin, dass Mitarbeiter, die sich als Teil einer Gruppe wahrnehmen, solchen Vorgesetzten Führungsqualitäten zuschreiben und unterstützen, die dem Selbstverständnis der Gruppe in prototypischer Weise zuträglich sind. Blutner et al. (1999), weisen darauf hin, dass durch die Bevorzugung von Eigenschaftsattributionen die Gefahr eines "fundamentalen Attributionsfehlers" (S.208) besteht (vgl. Meyer/Försterling, 2001, S.206). Steyrer (zit. n. Blutner, 1999, S.208) merkt hierzu kritisch an: "Damit wird eine personale Instanz geschaffen und deren Relevanz im Rahmen einer romantisierenden Aufwertung hypostasiert". Meindl & Ehrlich (zit. n. Neuberger, 1995, S.212) sprechen von einer "romantisierte[n] Auffassung von Führung."

Diese "Führungsromanze" (Steinmann/Schreyögg, 2005, S.648) gründet auf Alltagstheorien der Führung, die im Grunde Eigenschaftstheorien sind und zum

Zwecke von Komplexitätsreduktion und Überschaubarkeit situative Kontextvariablen weitgehend ausblenden.

### 11.1.1 Conclusio

Die Attributionstheorie sieht in Führung keinen objektiven Sachverhalt mehr, sondern ein sozial konstruiertes Phänomen der Geführten (vgl. auch konstruktivistische Wende, Gebert, 2002, S.25). Die Suche nach generalisierten Führungseigenschaften wird somit obsolet, es geht vielmehr um die Entstehung von Führung und den Gesetzmäßigkeiten sozialer Urteilsbildung (Neuberger,1995, S.215). Führung wird zudem nicht als "dauerhafter Besitz" (Neuberger, 1995, S.211), sondern als Prozess gedacht, der sich in der Praxis entwickelt, legitimiert, aber auch delegimitiert. Die Führungsperson wird aufgefordert, Attributionsprozesse zu verstehen und Alltagstheorien zu durchschauen, also kulturelle Sensibilität zu entwickeln. Eine gegebene hierarchische Weisungsbefugnis begründet also noch keineswegs eine Führungsbeziehung. Aus Sicht der Betriebswirtschaftslehre muss in diesem Zusammenhang festgestellt werden, dass das weitverbreitete Prinzipal-Agenten-Verhältnis (agency theory, s.u.) im Grunde zu kurz greift, da hier die soziale Akzeptanz des Prinzipals (Auftraggeber) durch den Agenten (Auftragnehmer) überhaupt keine Rolle spielt.

### 11.2    Interaktiv: Die Leader – Member – Exchange (LMX)- Theorie

Das austauschtheoretische LMX–Konzept von Graen (1995, Sp.1045-1058) zählt zu den interaktionszentrierten Führungstheorien ( Weibler, 2004, Sp. 303).

Auf der Basis strukturfunktionalistischer Rollentheorien (Nerdinger, 2003, S.155) untersucht das LMX- Konzept den Aufbau und die Entwicklung der Beziehung eines Führenden und eines Geführten. Es handelt sich hierbei nicht um das Verhältnis einer Führungsperson zu einer Gruppe, sondern zu einer Einzelperson, so dass eine spezifische dyadische Beziehung entsteht. Nicht Anpassung steht im Vordergrund, sondern der Aushandlungsprozess der Einbindung in dyadische Rollendefinitionen (Steinmann/Schreyögg, 2005, S.694). Graen (1995) merkt hierzu an, dass in der ersten Phase zunächst Kosten und Nutzen der Beziehung im Sinne einer ökonomischen Transaktion abgeschätzt werden (Sp.864-866). Erst in weiterer Phasen kommt es dann zu sozialen Transaktionen höheren Grades. Diese weiterentwickelten Beziehungen sind geprägt von Vertrauen und Loyalität und gehen weit über formale vertikale Abhängigkeiten hinaus.

### 11.2.1 Entwicklung des Rollenkonzepts

Der Austauschprozess vollzieht sich in drei Rollenepisoden, die nach dem klassischen Sender-Empfänger-Modell konzipiert sind und beidseitig verlaufen.

Die erste Phase der Rollenübernahme (role taking) dient der Exploration der formalen Erwartungen von Vorgesetzten und Geführten. Der Vorgesetzte sendet seine Rollenerwartungen, die der Geführte empfängt und somit "in das formale Erwartungsgefüge der Organisation hineinsozialisiert wird" (Steinmann/Schreyögg, 2005, S.696). Aufgrund der Rücksendung durch den Geführten findet beim Vorgesetzten die erste Bewertung statt.

In der entscheidenden zweiten Phase der Rollenbildung (role making) beginnt der eigentliche Aushandlungsprozess über ihre jeweiligen Rollen und die Qualität der Beziehung.

Diese Rollen werden dann schließlich in der dritten Phase verfestigt (role routinization). Zentrale Größe der Interaktionen ist der erzielte Verhandlungsspielraum (Stähle, 1999, S.365). Dieser interaktive Parameter definiert die Einsatzbereitschaft, die sozio-emotionale Dimension der Beziehung, das Niveau der Loyalität und des gegenseitigen Respekts (Steinmann/Schreyögg, 2005, S.696f). Dyaden entwickeln Beziehungsqualitäten, die sich im Laufe des Austausches ändern können. Balancierte Reziprozität ist gekennzeichnet durch Mindeststandards unter Einhaltung formal vertraglicher Vereinbarungen ("Dienst nach Vorschrift"). Diese Qualität kann sich verschlechtern, aber auch zur positiven Reziprozität entwickeln. Diese "reife Partnerschaft" (Steinmann/Schreyögg, 2005, S.697) ist gekennzeichnet durch intensiven sozialen Austausch, ein hohes Maß an Vertrauen, Delegation von Seiten des Führenden sowie weitreichende Partizipation. Das Prinzip unmittelbarer Gegenleistung tritt in den Hintergrund.

Stähle (1999, S.365) unterscheidet in diesem Zusammenhang wirkliche Führung (leadership), die von Interaktion und Einflussnahme geprägt die Bedürfnisse der Geführten mitbedenkt, von Führung im Sinne von Supervision, die lediglich Kontrollfunktionen auf der Basis formaler Autorität wahrnimmt.

### 11.2.2 Conclusio

Rosenstiel (2004, S.537) verweist auf eine Meta-Analyse von Gerstner und Day (1997), die empirisch bestätigt, dass ein hoher LMX-Wert mit "... hoher Bindung an die Organisation, hoher Zufriedenheit und guten Leistungen der Mitarbeiter ... " (Rosenstiel, 2004, S.538) positiv korreliert. Gebert (2002, S.145) berichtet unter

Bezugnahme auf dieselbe Meta-Analyse, dass ein hohes LMX- Maß positiv mit Organisational Citizenship Behavior (OCB) korreliert. OCB bezeichnet ein freiwilliges und außerhalb der Rolle liegendes Verhalten (Kaufmann/Bormann, 2003, S.33-46). Andererseits kommt Gebert (2002) zu dem Befund, dass hohe LMX- Werte kreativitäts- und innovationsfeindliche Tendenzen aufweisen (S.147). Der Autor verweist darauf, dass ein hohes Maß an Loyalität stets die Gefahr von Konformität und Konfliktvermeidung in sich birgt. Eine mögliche Folge ist compliance-Verhalten, das Regeln und Anweisungen unhinterfragt befolgt, selbst wenn sie als falsch erkannt worden sind. Dyaden bergen immer auch die Gefahren homogenisierter, geschlossener Gesellschaften (Gebert, 2002, S.149). Gebert stellt somit fest, dass reife Beziehungen und Erfolgsindikatoren kurvenlinear miteinander verbunden sind. Als funktional erweisen sich mittlere LMX- Werte, hohe und niedrige dagegen als dysfunktional. Neuberger (1995) betont, dass der LMX- Ansatz generalisierende Betrachtungsweisen zur Führung überwindet und dazu neigt, "sich mit der inneren Dynamik der Führer- Mitglieder- Beziehungen auseinanderzusetzen" (S.106).

## 11.3 Transformationale Führung oder „die Sehnsucht nach dem endlosen weiten Meere" (Wunderer, 1995, Sp.237)

Der transaktionale Führungsstil bezieht sich auf rational kalkulative Austauschprozesse zwischen Führenden und Geführten (Evans, 1995, Sp.1075– 1092) im Sinne der Weg- Ziel- Theorien und der Erwartungs- Valenz- Theorie von Vroom (1964, vgl. auch Heckhausen, 2003, S.182-188). Hier werden ökonomische Belohnung und Anerkennung gegen Zielerreichung getauscht. Diese leistungskontingente Transaktion impliziert das Menschenbild des homo oeconomicus und betrachtet prinzipiell die Werte und Wünsche des Geführten als festgelegt.

Transformationale Führung hingegen setzt an, wo die austauschtheoretische Instrumentalität von Belohnung und Sanktion im Sinne positiver rsp. negativer Verstärkung (Neuberger 1995, S.58) nach dem Prinzip operanten Konditionierens endet, indem bestehende Ziele, Bedürfnisse und Ansprüche der Geführten verändert werden (Bass/Steyrer, 1995, Sp.2054). Der Prozess der Transformation erhöht die Attraktivität der Ziele, aktiviert höhere Bedürfnisse und Motive im Sinne der Maslowoschen Hierarchie und steigert das Anspruchsniveau (Neuberger, 1995, S.58). Da die Handlungen zur Zielerreichung nun durch diese neuen transformierten

Motive und Bedürfnisse unterstützt werden, soll sich ein Zustand intrinsischer Motivation (vgl. Schneider 2000, 33) bis hin zum Flow-Erleben (vgl. Csikszentmihalyi, 2000) einstellen. Anschaulich wird diese Transformation durch die Sentenz von Saint-Exupéry, dass, so sinngemäß, wenn man ein Schiff bauen will, die vorrangige Aufgabe nicht darin besteht, die Mitarbeiter mit einzelnen Aufgaben oder Fachbereichen zu betrauen wie beispielsweise, Holz zu beschaffen oder Werkzeuge vorzubereiten, sondern sie die Sehnsucht nach dem Meere zu lehren (Wunderer, 1995, Sp.237), mit anderen Worten ihnen Gesamtkonzept und Sinn zu erklären. Wunderer (1995) bezeichnet die transformationale Führung als wertdelegative Führung (Sp.237), die sich durch die vier Kriterien Charisma, Inspiration durch Vision, intellektuelle Stimulierung und individuelle Wertschätzung definiert (Bass/Steyrer, 1995, Sp.2055).

Bass und Avilio (1990) entwickelten ein standardisiertes Erhebungsinstrumentarium, welches das gesamte Führungsspektrum abbilden sollte. Der „Multifactor Leadership Questionnaire " (MLP) erfasst sowohl transaktionale als auch transformationale Führung durch die subjektive Bewertung der Vorgesetzten durch die Geführten. Bass unterzog das erzielte Datenmaterial einer explorativen Faktorenanalyse, wodurch sich die genannten Kriterien als hoch positiv interkorrelierte Subskalen transformationaler Führung herauskristallisierten. Als Indikatoren für Führungserfolg wurden Effektivität, Zufriedenheit und Extra- Leistung abgefragt (vgl. Bass/Steyrer, 1995, Sp.2053-62).

Sowohl subjektiv erfasste Leistungsdaten (Probanden beschreiben Führungsverhalten *und* Erfolgsindikatoren) als auch die objektive quantitativ messbare Erfassung von Leistungserfolg weisen auf eine prinzipielle Überlegenheit transformationaler gegenüber transaktionaler Führung hin (vgl. Rosenstiel, 2004, S. 530f).

## 11.3.1 Charisma

Zentrale Bedeutung für transformationale Führung besitzt das Attributionsphänomen Charisma (Blutner et al., 1999, S.208). Konstitutives Element des Konstruktes Charisma ist das außergewöhnliche Verhalten des Führenden (Steyrer, 2004, Sp.131-137). Charismatische Führer verfügen über eine selbstsichere und kompetente Ausstrahlung sowie außerordentliche charakterliche Qualitäten, wie z.B. moralische Integrität (Steyrer, 2004, Sp.132). Sie werden von den Geführten oft als emotional attraktiv erlebt, da soziale Sensibilität und Vertrauen in die Geführten gezeigt wird

(Steyrer, 2004, Sp.133). Auch artikulieren sie eine inspirierende, vom Status quo abweichende Vision (Steinman/Schreyögg, 2005, S.649) und vermitteln Werte und Sinnhaftigkeit durch exemplarisch vorbildliches Handeln (Steyrer, 1999, S.144). Ihr Kommunikationsverhalten ist geprägt durch symbolisches und dramatisch überzeichnetes Auftreten. Die Wirkung auf andere wird im Sinne des Impression-Managements kontrolliert (Mummendy, 2004, Sp.449-457). Das Image wird taktisch und strategisch gestaltet. Der Charismatiker wird somit zum "Inbegriff" und zur "Verkörperung" von Führung (Steyrer, 2004, Sp.134) und fungiert als Symbol der "Entalltäglichung des Alltags" (Blutner, 1999, S.219).

**11.3.2    Zwischenfazit: Motivation auf gesteigertem Niveau**

Zusammenfassend lässt sich die Rolle des Führenden im transformativen Ansatz folgendermaßen definieren: Der Führende wird durch charismatische Ausstrahlung selbst als emotional attraktiv erlebt, die Nähe zu ihm wird gesucht und als gefühlsmäßig anziehend erlebt. Inspirierende Motivierung erzielt der Führende durch die Artikulation von Visionen, also neuer attraktiver Sollwerte, die an höhere und umfassendere Werte und Motive appellieren und so die bisherigen Dispositionen der Geführten auf ein gesteigertes intrinsisches Niveau transformieren. Zudem erzeugen Visionen neben Begeisterung Sinn und Orientierung. Eingefahrene Denkmuster und Routinen werden aufgebrochen und neue alternative Lösungswege intellektuell stimuliert. Die Führungsperson sucht die persönliche Nähe zu ihren Mitarbeitern, sie unterstützt und berät sie individuell, zeigt soziale Sensibilität und Empathie und erhöht somit das Selbstvertrauen der Geführten zur Erfüllung höherer Erwartungen (Bierhoff, 1999, S. 77). Es handelt sich also im Gegensatz zur transaktionalen Führung nicht um einen echten kalkulativen Austausch (Graen, 1995, Sp.866), sondern um unidirektionale Anregung von Motivation. Hier liegt auch der entscheidende Unterschied zum LMX- Konzept, das als soziale Austauschtheorie (Eberl et al., 1999, S.256) höherer Qualität auf der Basis gegenseitiger Einflussnahme je nach Qualität der Interaktion bezeichnet werden kann.

**11.3.3    Transformationale Führung, OCB und Stewartship- Modell**

Dass hohe LMX- Werte signifikant positiv mit OCB- Verhalten korrelieren, wurde bereits herausgestellt (s.o.). So gilt dieser Befund ebenso für transformationale Führung. Durch den Prozess *"doppelter Identifikation"* (Gebert, 2002, S.202, Hervorhebung vom Verfasser) – mit den Führenden und dem Inhalt des Handelns –

des Mitarbeiters wird Extra- Rollen- Verhalten und somit zusätzliches Engagement nachhaltig gefördert.

Gebert (2002) verweist auf den Zusammenhang transformativer Führung mit den "Stewardship-Modell" (S.202), dessen zentrale Aspekte durch diesen Führungsstil widergespiegelt werden: "Transformationale Führung ist insofern (treibende) Bedingung *und* Folge des Stewardship-Modell."(S.202; Hervorhebung v. Verf.). Das Stewardship-Modell steht im Widerspruch zum Agency-Modell, in dessen Fokus die "... ökonomische Analyse des Verhältnisses zwischen Auftraggeber (Principal) und Auftragnehmer (Agent) in einer durch unvollkommene Information und Unsicherheit gekennzeichneten Umwelt" (Picot/Neuburger, 1995, Sp. 15) steht. Das Agency-Modell widerspiegelt eine Kontrollphilosophie, die Überwachungssysteme gezielt als Instrumente von Herrschaft (Wiendieck ,1994, 25f.) des Prinzipals gegenüber seinem Agenten zum Einsatz bringt. Das dieser Prinzipal-Agenten-Ansatz OCB-Verhalten nicht fördert (laut Agency-Theorie kann es gar nicht existieren!), wird offensichtlich. Klassische Steuerungsstrategien über finanzielle Anreize korrumpieren intrinsische Motivation (Gebert, 2002, S.108, vgl. auch Kuhl, 2001, S. 39 und Sprenger, 1999). Das Stewardship-Modell ersetzt Kontrolle in weiten Teilen durch Involvement, setzt auf Vertrauen und intrinsische Motivation (Gebert, 2002, S.105). Der economic man der Agency-Theorie (vgl. hierzu kontrovers Kräkel, 2004, Sp.1180) wird ersetzt durch das Modell des self-actualizing-man, dem der Führende als Unterstützung ("Stewardship") zur Seite steht (Guldin, 2004, S.750). Wird oft bedauernd festgestellt, Unternehmen seien "overmanaged but underled" (Stähle, 1999, S.364), so kann konstatiert werden, dass die Agency-Theorie den Managertypus postuliert, der im Sinne von Supervision kontrolliert und compliance einfordert, also unhinterfragte Unterwerfung unter Systemnormen und Loyalität im Hinblick auf Organisationsziele (Türck, 2000, S.327). Leadership im Sinne transformationaler Führung setzt vertrauensvolle Interaktion der Führungsperson mit seinen Mitarbeitern voraus, eröffnet so Handlungsspielräume und kann zusätzliches Engagement freisetzen. In einer soeben erschienen Studie (Pundt/Schyns, 2005, S.55-65) konnte ein positiver Zusammenhang zwischen inspirierender Motivierung, als Aspekt transformationaler Führung und individuellem Engagement im Ideenmanagement nachgewiesen werden.

### 11.3.4 Conclusio

Auf die prinzipielle Überlegenheit des transformationalen gegenüber dem transaktionalen Führungsstilansatz hinsichtlich der Arbeitsleistung war bereits hingewiesen worden.

Auch die GLOBE-Studie (Global Leadership and Organizational Behaviour Effectiveness) weist auf die erfolgsfördernde Wirkung transformationaler Führung hin (vgl. Gebert, 2002, S.204). Gebert (2002) gibt allerdings in Bezugnahme auf die Meta-Analysen von Lowe et al. (1996) und Fuller et al. (1996) zu bedenken, dass der Zusammenhang von transformationaler Führung und Erfolg überschätzt wird, solange es sich um die subjektiven Einschätzungen derselben Person handelt („percept-percept-artefact", S.205). Auf der Basis einer Untersuchung von Waldman et al. (2001), stellt Gebert (2002) wahrgenommene Umweltunsicherheit als Moderatorvariable zwischen transformationaler Führung und ökonomischem Erfolg heraus (S.209f.). Wird der Situationskontext hingegen als verhältnismäßig sicher und überschaubar bezeichnet, gilt dieser Führungsstil eher als hinderlich (S. 210). Des weiteren muss kritisch angemerkt werden, dass transformationale Führung wirkungslos und sogar dysfunktional sein kann, wenn keine Passung mit dem Selbstkonzept der Geführten hergestellt werden kann. Persönliche Werte wie Souveränität und Autonomie lassen oft eine wertbezogene Einflussnahme nicht zu (S.213). Durch die starke emotionale Bindung an die Führungsgestalt findet ein kritischer Diskurs wechselseitigen Hinterfragens über Ziele und Werte kaum mehr statt. Die ambivalente Wirkung wird klar. Setzt man transformationale Führung als Manipulationselement für negative Zwecke ein, besteht die Gefahr "kollektivistischer Infantilisierung" (Rosenstiel, 2004, S.531) im Sinne "konfliktfreier Geschlossenheit und selbst- und grenzenlosen Arbeitseifers durch die Urgewalt der Begeisterung" (Neuberger, 1995, S.60). Neuberger (1995) sieht in transformationaler Führung dementsprechend ein "elitäre[s] herrschaftliche[s] Moment" (S.57), das den Transformator als "Heilsbringer" und "magischen Verwandler" (S.54) propagiert. Man wird erinnert an die Männer der Tat bei Peters & Waterman, die nicht sezieren sondern handeln (Paralyse durch Analyse) und die mitreißenden Champions à la Deal & Kennedy. Gebert (2002) zeigt den polyvalenten Charakter transformationaler Führung, wenn er auf die Gefahr der "Homogenisierung zentraler Einstellungen und Werte" (S.222) hinweist. Die Affinität zu einer geschlossenen Gesellschaft (Gebert, 2002, S.154), geprägt von Ideologie und Dogmatik, wie sie Popper (1992) beschreibt, ist kaum zu leugnen.

Man begegnet hier der gleichen Problematik, wie sie bei sehr starken und einheitlichen Unternehmenskulturen besteht (Gebert , 2002, S.222).

## 11.4    Symbolische Führung : „Man kann nicht nicht symbolisch führen" (Neuberger, 1995, S.252)

Symbolische Führung steht in direktem Zusammenhang mit der Debatte um die Unternehmenskultur (Rosenstiel/ Comelli, 2003, S 106).

Das Erkennen der Wichtigkeit von Symbolen als "geronnene Sinnträger" (Weibler, 1995, Sp.2018), Ritualen und Mythen als entscheidende kulturelle Dimensionen (P.Ulrich, 1990, S.275) und das Aufkommen alternativer interpretativer Paradigmen ist für die Führungsforschung bedeutend. Innerhalb des interpretativen Paradigmas zeigte vor allem der Symbolische Interaktionismus die Relevanz interaktiver Deutungsprozesse auf. Symbolische Führung zielt ab auf die mehrdeutige Wirkung von Symbolen als "Medien zur Vermittlung von Normen, Überzeugungen und Zielen" (Weibler, 1995, Sp.2017)   und die "Deutungsarbeit" (Rosenstiel, 2004, S.517) durch die Geführten. Primäre Funktion symbolischer Führung ist mithin Sinnstiftung. Weick (1995) bringt es auf den Punkt, wenn er sagt: "Organisationen stehen im Geschäft der Sinngebung" (S.356).

Neuberger (1995) unterteilt symbolische Führung in zwei funktionale Komponenten, symbolisierte (sinnbindende) und symbolisierende (sinnbildende) Führung (S.244-260).

## 11.4.1    Symbolisierte Führung

Die Perspektive symbolisierter Führung lässt die Führungsperson in den Hintergrund treten und betont, dass "... jeder Handelnde in einer Organisation von Führungs-Ersatz gleichsam umstellt ist ..." (Neuberger, 1995, S.250) Diese Sichtweise thematisiert die Medien entpersonalisierter Führung (Türk, 1995, Sp.328-340) und das Konzept der Führungssubstitute (Kerr/Matthews, 1995, Sp.1021-1034). Bei diesen personenunabhängigen, strukturellen Substituten handelt es sich um verbale, interaktionale und artifizielle Steuerungsmittel (Neuberger, 1995, S.253). In Unternehmen herrschen Sprachregelungen, es kursieren Geschichten, Mythen, Witze. Interaktionen sind reguliert durch Umgangsformen, Rituale, Gewohnheiten und Bräuche. Zudem besitzen Architektur und Einrichtung des Unternehmensgebäudes hohe symbolische Bedeutung. Der Führende verhält sich in dieser Perspektive eher passiv und wirkt lediglich mittelbar auf seine Mitarbeiter ein, da Sinn über Substitute bereits konstituiert und verfestigt ist.

### 11.4.2  Symbolisierende Führung

Symbolisierende Führung sieht den Führenden in der aktiven Rolle der Sinnbildung, der Deutung und Umdeutung von Symbolen.

Verfestigte Deutungsmuster werden aufgebrochen und "verflüssigt" (Neuberger, 1995, S.255), (oft unbewusste) Selbstverständlichkeiten der Interpretation werden in Frage gestellt, so dass neue Betrachtungsweisen möglich werden. Es geht im wesentlichen um "... das Herauslesen neuen Sinns aus alten Fakten bzw. die Schaffung neuer Fakten und deren 'richtige' Deutung, die durch entsprechende Dechiffrier-Anleitungen gesichert wird" (Neuberger, 1995, S.255; Hervorhebung v. Verf.).

Symbolische Führung oszilliert dialektisch zwischen Verfestigung und Verflüssigung rsp. Sinnbindung und Sinnbildung. Als Aufforderung und Anleitung zum Dialog wird symbolische Führung dem interpretativen Paradigma gerecht und bietet die Möglichkeit kultursensitiven Managements.

### 11.4.3  Sinnstiftung oder Manipulation ?

Zu beachten ist, dass Sinndeutung nicht autoritär verordnet werden kann. Die Problematik besteht darin, dass Umdeutungsprozesse zu Destabilisierung (Ängste, Unsicherheit etc.) des Systems führen. Es muss mithin Kriterien zur Steuerung und für den Abbruch solcher Prozesse geben. Umdeutung von Sinn ist nur ratsam in einem kooperativen Prozess (vgl. Kooperative Führung, Wunderer, 1995, Sp.1369-1386) mit dem Ziel einer Konsensfindung, da nur so die notwendige Restabilisierung des Systems möglich wird. Ein autoritär vorgeschriebenes neues Deutungsmuster im Sinne eines "Bombenwurfs" stellt die Implementierung neuer Sichtweisen nachhaltig in Frage.

Greipel (1990) weist nachdrücklich darauf hin, dass symbolische Handlungen ohne breite Kommunikation mit allen Beteiligten Gefahr laufen, den "realen kulturtranszendierenden Hintergrund" (S.325) zu verlieren. Symbolische Führung wird dann als Manipulation wahrgenommen und büßt ihre kulturprägende "imperative Kraft" (S.325) ein.

Durch die Instrumentalisierung symbolischer Führung besteht die Gefahr eines "zweckrationalen Umgangs mit dem Vorrationalen"(Ulrich, 1990, S.290).

Symbolisches Management als gezieltes "Myth-Making" ist im Prinzip die manipulative Anwendung technokratisch-rationalistischer Praktiken auf ethisch-kulturelle Bereiche (Ulrich, 1990, S. 292).

Symbolische Führung ist ohne die deutende Mitwirkung der Mitarbeiter nicht möglich (Rosenstiel, 2004, S.517) und steht in Zusammenhang mit Konzepten wie "Führung von unten" (Weibler, 2004, S.303) und Mikropolitik (Neuberger, 1995). Führung ist in diesem Sinne damit befasst, "übereinstimmende Interpretationen" (Schauenberg/Föhr, 1995, Sp.2211; Hervorhebung v. Verf.) zwischen Führungspersonen und Geführten herzustellen und entfernt sich somit von klassischen Fragen der Führungsforschung.

## 12    Vergleich mit verwandten Konzepten

Um das Konstrukt Unternehmenskultur weiter eingrenzen und konzeptionell positionieren zu können, bedarf es einer Abgrenzung zu verwandten Konstrukten oder Konzepten.

Bei einem Quervergleich geht es um eine deutlichere Bestimmung diskriminanter Validität (Bortz, 1995, S.189), der Verhinderung von unnötigen Doppelproduktionen, gegenseitiger methodischer Ergänzung und die Eruierung theoretisch sinnvoller Integrationsmöglichkeiten (Conrad/Sydow, 1991, S. 94).

In die Nähe der Unternehmenskultur werden immer wieder Corporate Identity und Organisationsklima gerückt.

### 12.1    Unternehmenskultur und Corporate Identity

Birkigt (2002) definiert Corporate Identity als die "... die strategisch geplante und operativ eingesetzte Selbstdarstellung und Verhaltensweise eines Unternehmens nach innen und außen ..."(S.18).

Während Corporate Identity das Selbstbild eines Unternehmens meint, beschreibt Corporate Image das Fremdbild, also die Projektion der Identität im gesellschaftlichen Umfeld (S. 23).

Corporate Identity setzt sich zusammen aus Corporate Design, dem materiellen Erscheinungsbild, aus Corporate Communications, der Kommunikationspolitik nach innen und außen und der Corporate Attitude, dem wahrnehmbaren Verhalten von Mitarbeitern und Gesamtunternehmung. Corporate Attitude stellt die Schnittmenge zwischen Unternehmenskultur und Corporate Identity dar, also das aus der

Unternehmenskultur resultierende Verhalten von Führungskräften und Mitarbeitern (Hinterhuber/Winter, 1991, S.194 f.).

Corporate Identity stellt den wahrnehmbaren Teil der Unternehmenskultur dar, so dass in Bezugnahme auf das Modell von Schein von Artefakten gesprochen werden muss, die zum Zwecke eines nach außen gerichteten, einheitlichen Erscheinungsbildes funktionalistische Bedeutung haben.

## 12.2 Unternehmenskultur und Organisationsklima

Das Konzept des Organisationsklimas teilt mit dem Unternehmenskultur die Gemeinsamkeit, ein soziales Phänomen zu sein, das zwar vorhanden, aber nicht unmittelbar beobachtbar und somit schwer empirisch erfassbar ist, mithin als hypothetisches Konstrukt bezeichnet werden kann, welches über bestimmte Indikatoren erschlossen werden muss.

Eine synonyme Verwendung beider Konstrukt einerseits wie auch eine völlig getrennte Betrachtung und Weiterentwicklung andererseits sind falsch und unfruchtbar (vgl. Krulis- Randa, 1990, S.12 und Staehle1999, S.497).

Es wird im folgenden dargestellt, dass ein Vergleich beider Konzepte ihre enge Beziehung aufzeigt und gleichermaßen ein trennscharfe Unterscheidbarkeit befördert.

Ähnlich wie bei der Unternehmenskultur-Forschung kann auch die Forschung zum Organisationsklima in verschiedene Richtungen rsp. Entwicklungsabschnitte (Staehle, 1999, S.486) aufgeteilt werden, eine objektivistische, eine subjektivistische und eine interaktionistische (Conrad/Sydow, 1984, S.45).

## 12.2.1 Objektivistischer organisationsbezogener Ansatz

Der objektivistischer Ansatz, der dem behavioristischen Stimulus-Response-Konzept verhaftet ist, betrachtet das Organisationsklima als objektives Phänomen, welches ontologisch unabhängig von den Organisationsmitgliedern und deren Wahrnehmungen existiert. Dieser Forschungsansatz ähnelt dem empirischen Organisationsbeschreibungskonzept der Aston-Gruppe. Diese Organisationsanalyse konzentriert sich auf Organisationsstrukturen, Einflussfaktoren wie beispielsweise Größe der Organisation und Situationsvariablen wie Technologien und Umwelt. Durch Analyse dieser Einflussgrößen wird versucht, Verhalten der Organisationsmitglieder wie Stresserleben, Arbeitszufriedenheit etc. zu erklären. (Schuler, 2004, S.559 f). Dergleichen deterministische Ansätze betrachten Klima als

Funktion der Situation und versuchen den direkten Zusammenhang von Organisationsstrukturen und Klima mittels objektiver Indizes quantitativ und nomthetisch zu erfassen (Conrad/Sydow, 1984, S.46).

Dieser Ansatz wurde stark kritisiert, da er reduktionistisch das Verhalten lediglich aus der Situation ableitete, ohne im Sinne Lewins den Einfluss der Person zu beachten. Zudem wurde dieser direkte Zusammenhang empirisch nicht bestätigt.

### 12.2.2 Subjektivistischer personenbezogener Ansatz

Diametral entgegengesetzt betrachtet der personenbezogene Ansatz Organisationsklima als alleinige Funktion der Person. Strukturelle Faktoren der Organisation spielen kaum noch eine Rolle, so dass der Wahrnehmungsprozess der Organisationsmitglieder in den Fokus rückt. Das Organisationsationsklima entsteht konstruktivistisch in den Köpfen und besitzt somit ontologisch keine eigene Realität ausserhalb der Organisationsmitglieder. Der subjektivistische Ansatz bildet zwei Richtungen aus, zum einen das auf die Organisation bezogene Organisationsklima im engeren Sinne, zum anderen das auf die Person bezogene psychologische Klima (Staehle, 1999, S.487).

Die Forschung zum Organisationsklima im engeren Sinne betrachtet Organisationsklima als Attribut der Organisation, das durch Wahrnehmung von Aspekten entsteht, die sich auf die gesamte Organisation beziehen.

Das Konzept des psychologischen Klimas bezieht sich hingegen stärker auf die Wahrnehmung der spezifischen Arbeitssituation durch das Individuum. In der durchaus problematischen Konsequenz bedeutet dies, dass nicht mehr von einem globalen Organisationsklima gesprochen werden kann, sondern von vielen spezifischen psychologischen Klimata.

Zu kritisieren ist, dass in beiden Ansätzen der subjektiven Richtung von den objektiven Organisationsmerkmalen abstrahiert wird und die Merkmale der wahrnehmenden Individuen ausschließliche Determinanten darstellen (v. Rosenstiel, 1997, S.359). Methodisch werden lediglich wahrgenommene Merkmale wie beispielsweise Vertrauen und Wärme erfasst (Staehle, 1999, S 488).

### 12.2.3 Interaktionistischer Ansatz

Die jeweiligen Einseitigkeiten objektivistischer und subjektivistischer Ansätze legen nahe, Organisationsklima als Funktion der Interaktion zwischen Person und Situation zu betrachten (Staehle, 1999, S.486). Diese Interaktion wird in das Konzept des psychologischen Klimas eingebettet, und Organisationsklima entsteht durch Aggregation der psychologischen Klimata. Allerdings stellt die Aggregation individueller Wahrnehmungen zu einem globalen Organisationsklima ein nicht nur methodisches Problem dar, zumindest dann, wenn man unverändert von der Konstituierung des psychologischen Klimas als Interaktion von Individuen und spezifischer Arbeitssituation ausgeht.

### 12.2.3.1 Schneiders Climate approach

Schneiders „Climate approach" (1972) geht von Organisationsklima als Ergebnis der Interaktion personaler und organisationaler Merkmale aus. Dabei verbindet dieses Konzept psychologisches Klima und Organisationsklima im engeren Sinne. Schneider konzipiert die Interaktion als dynamischen wechselseitigen Transfer, der parallel verläuft und durch permanentes Feedback gekennzeichnet ist. Das psychologische Klima ergibt sich als Ergebnis dieser Transaktion (Conrad/Sydow, 1984, S.57). Somit ist das psychologische Klima eine kognitive Systematisierungsleistung, die ein bestimmtes Klima hervorbringt (Gontard, 2002, S.43). Dass aus den spezifischen psychologischen Klimata ein Organisationsklima entstehen kann – denn er unterscheidet psychologisches Klima und Organisationsklima im engeren Sinne lediglich hinsichtlich der Untersuchungseinheit (Conrad/Sydow, 1984, S.56)- begründet Schneider mit dem Theorem der Selbstselektion und dem stattfindenden Bedeutungstransfer (Attributionsprozesse). Selbstselektion und gezielte Fremdselektion führen zu hohen Ähnlichkeitsmaßen hinsichtlich personaler Merkmale. Zu diesen Selektionsprozessen tritt eine organisationsspezifische Sozialisation als Anpassungsprozess an Normen und Verhaltensmuster der Organisation durch Lernprozesse (Rosenstiel, 2000, S.121). Zu nennen sind u. a. rollen- und lerntheoretische Konzepte.

Conrad & Sydow (1984) notieren hierzu: "Organisatorische Sozialisationsprozesse führen möglicherweise zu Typisierungen in der Wahrnehmung, d.h. dass über entsprechend erworbene Normierungen (z.B. via Zugehörigkeitsdauer, Ausbildungsstand etc.) Realitätsauschnitte zunehmend gleichsinnig wahrgenommen werden und damit zu einem einheitlichen Organisationsklima führen (S.90)." Und weiter: "Die Wahrnehmung neuer organisatorischer Sachverhalte bedingt somit einen kognitiven Umbau des Schemas, ein individuell differenziertes Organisationsklima entsteht"(S.90). Dieser Realitätsausschnitt wird in der Regel nicht die gesamte Organisation, sondern eher die Abteilungsebene sein, da hier die

Sozialisation am stärksten betrieben wird. Der Führungsperson kommt hierbei eine zentrale Rolle zu (Conrad/Sydow, 1984, S.227)

Staehle (1999) bezeichnet diese Interaktion als "kognitiv-dynamische Interdependenz" zur Beschreibung der kognitiven "Strukturierungs- und Anpassungsprozesse einer Person während des Interaktionsprozesses" (S.313). Begreift man Interaktion als Transaktion, so sind Person und Situation psychologisch unmittelbar aufeinander bezogen. Wahrnehmungsprozesse haben in diesen Austauschprozessen zentrale Bedeutung. Da es hier auch stets um die gegenseitige Deutung von Symbolen geht, stellt der symbolische Interaktionismus ein weiteres ergänzendes Erklärungsmodell zur Generierung gemeinsamer Organisationsperzepte und zur Interpretation des Organisationsklimas dar (Conrad/Sydow, 1984, S.54). Bedeutung wird in Interaktionsprozessen konstruiert, wobei Symbole als Medien fungieren.

Interaktionistische Ansätze überwinden die Einseitigkeiten objektivistisch-organisationsbezogener sowie subjektivistisch-personenbezogener Ansätze. Organisationsklima entsteht aus der Interaktion zwischen objektiver organisationaler Realität und subjektivem Wahrnehmungsprozess (Conrad/Sydow, 1984, S.101).

## 12.3 Zwischenfazit: Organisationsklima als Manifestationsform von Unternehmenskultur

Vergleicht man jeweils die theoretische Entwicklung beider Konstrukte, so lässt sich übereinstimmend eine Evolution von objektivistischen und subjektivistischen zu integrativen oder interaktionistischen Modellen feststellen. Jeweils steht ein Strukturfunktionalismus am Anfang, der mit einem diametral entgegengesetzten subjektivistischen Ansatz konfrontiert wird inklusive aller ontologischer, epistemologischer und methodologischer Implikationen. In beiden Fällen ergibt sich daraus eine interaktionistische Perspektive, die die jeweiligen Extrempositionen integriert. Sowohl in der wissenschaftlichen Forschung zur Unternehmenskultur als auch zum Organisationsklima stellen die integrativen Ansätze die jeweils vorherrschenden Richtungen dar. Das heute allgemein akzeptierte Konzept des Organisationsklimas (Rosenstiel, 2000, S.343) betont eine vermittelnde Stellung zwischen Determinismus und Volontarismus (Conrad/Sydow, 1991, S.102), indem subjektive Wahrnehmungs- und Kognitionsprozesse als Widerspiegelung objektiver Organisationsmerkmale begriffen werden. Da das Organisationsklimakonzept auf Wahrnehmung abstellt und nicht auf Normen, Werte und Grundprämissen, stellt

Unternehmenskultur das umfassendere und abstraktere Konzept dar. Organisationsklima befindet sich näher an der objektiven Realität, wenngleich stets zu bedenken gilt, dass Wertvorstellungen und grundlegende Annahmen Wahrnehmungs- und Kognitionsprozesse strukturieren und als Selektionsfilter und Interpretationsmuster dienen.

In diesem Sinne lässt sich das heutige Konzept des Organisationsklimas als Manifestationsform von Unternehmenskultur begreifen (Conrad/Sydow, 1991, S.101), das sich in dieses Konstrukt in "vertikaler Hinsicht" (S.101) einordnen ließe. Gontard (2002) regt an, das Konzept des Organisationsklimas als vierte Ebene zwischen bekundeten Werten und Artefakten in das Drei-Ebenen-Modell von Schein zu integrieren (S.66). Im Vergleich mit der Ebene der Artefakte wird klar, dass das Organisationsklimakonzept durch Wahrnehmung und Kognition eine höheres Abstraktionsniveau besitzt. Andererseits deckt die Artefaktebene inhaltlich durch Einbezug der Umwelt der Organisation einen größeren Bereich ab, da Organisationsklima sich ausschließlich auf die innerbetriebliche Situation bezieht (S.63). Die Ebenen bekundeter Werte und Grundannahmen werden vom konzeptionell wertfreien und deskriptiven Organisationsklimakonzept nicht erfasst. Dieser Definitonsteil ist idealtypischer Art, da die wechselseitige Beeinflussung der Ebenen gegeben ist.

Die Nominaldefinition von Conrad & Sydow (1984) stellt die wesentlichen Aspekte nochmals dar:

> Organisationsklima als hypothetisches Konstrukt ist (1) ein auf die gesamte Organisation oder eines ihrer Subsysteme bezogenes, (2) differenzierendes, (3) relativ überdauerndes, (4) molares und (5) mehrdimensionales Aggregat subjektiver Wahrnehmung und kognitiver Verarbeitung von situationalen Reizen, das sich in der Beschreibung von Organisationsumwelten, -strukturen und Verhalten in der Organisation bzw. einem ihrer Subsysteme durch das Individuum widerspiegelt und die Bildung von Einstellungen zur Arbeitssituation sowie individuelles Verhalten beeinflußt. (S.11)

## 13 Methoden zur Erfassung von Unternehmenskultur

### 13.1 Erhebungsbogen zur Erfassung des Betriebsklimas (EEB)

Rosenstiel et al. (1983) entwickelten ein Instrumentarium zur Erfassung des Organisationsklimas auf der Basis des konzeptionellen Rahmens der Facettentheorie von Payne et al (1976). Diese Bezugnahme gewährleistet eine theoretische

Abgrenzung zu anderen Konzepten. Rosenstiel spricht zwar von Betriebsklima, sein Erhebungsbogen basiert allerdings auf dem hier aufgezeigten Begriffsverständnis des Organisationsklimas (vgl. Rosenstiel 2000, S.341f. und Rosenstiel, 1983, S.110-111).

Das Konzept der Facettenanalyse definiert drei logisch voneinander unabhängige Facetten: Analyseeinheit, Analyseelement und Art der Messung. (Rosenstiel, 1983, S.47). Die Analyseeinheit meint die Zielgruppe der Betrachtung und unterscheidet zwischen Individuen und dem aggregierten sozialen Kollektiv. Das Analyseelement beschreibt den Realitätsausschnitt, auf den sich die Messung beziehen soll. Hier wird differenziert zwischen dem Arbeitsplatz und der gesamten Organisation. Die Art der Messung unterteilt sich in die Gegenpole Beschreibung (deskriptiv) und Bewertung (evaluativ). Entsprechend der Definition wählen Rosenstiel et al. (1983) als Analyseeinheit das soziale Aggregat, die Organisation (resp. Betriebsteile oder Abteilungen) als Analyseelement und als Art der Messung die Beschreibung (S.59-66). Rosenstiel fokussiert zwar auf eine deskriptive Messung, stellt allerdings relativierend fest, dass "... wertende Bestandteile stets mit eingeschlossen sind..." (S.67; vgl. auch S.405) und hält eine Trennung von Beschreibung und Bewertung für nicht realisierbar (S.68). So finden sich entsprechend in seinem Fragebogen auch Beurteilungsitems. Die inhaltlichen Dimensionen werden nicht definitorisch festgeschrieben, da sie dem gesellschaftlichen Wandel unterliegen und somit aktualisierbar bleiben müssen. Rosenstiel (1983) stellt aufgrund intensiver Literaturrecherche theoriegeleitet folgende Inhaltsdimensionen fest:"...der übergreifende allgemeine Eindruck vom Betrieb bei der Belegschaft, die Kollegen, die Vorgesetzten, die Organisationsstruktur, die Information und Mitsprache, die Interessenvertretung und die betrieblichen Leistungen" (S. 405).

Hinsichtlich dieser Dimensionen wurden Frage-Items formuliert, die mit Experten diskutiert und einem empirischen Pretest unterzogen wurden. Beispielsweise erweitert er die seinerzeit standardmäßigen Fragen nach dem Führungsstil aufgrund neuer theoretischer Erkenntnisse um Aspekte der Interaktion zwischen Führenden und Geführten (S.241). Eine Überprüfung mittels Faktorenanalyse bestätigte die Aufteilung in inhaltliche Dimensionen und die Zuordnung der Frage-Items (S.263). Der EEB orientiert sich methodisch an den Gütekriterien der Testtheorie (S.406) wie Objektivität, Reliabilität und Validität.

Zusammenfassend lässt sich feststellen, dass mit dem EEB ein theoriegeleitetes Instrumentarium zur adäquaten Erfassung des Konstrukts des Organisationsklimas im interaktionistischen Sinne vorliegt, welches in der Praxis erprobt ist und zudem die Möglichkeit der Erweiterung um aktuelle und relevante Fragestellungen und Werte zulässt. Besonders die theoretisch fundierte Erweiterung um Wertefragen lässt den EEB auch für die Diagnose der Unternehmenskultur interessant werden.

## 13.2    Kulturfragebogen nach Sourisseaux

Auf der Basis des strukturfunktionalistischen Ansatzes entwickelte Sourisseaux (1994) einen Kulturfragebogen (S.34).

Der Autor weist zunächst darauf hin, dass es in der Forschung zur Unternehmenskultur an systematischen Aufzeichnungen der empirischen Befunde mangelt und somit eine Analyse und Prüfung des empirischen Datenmaterials nicht möglich ist (S.35). Es muss eine theoriegeleitete Definition der Unternehmenskultur vorliegen, die dieses Konstrukt von anderen Konzepten abgrenzt, um sodann diesen Definitionsrahmen einer empirischen Prüfung zu unterziehen. Erst die anschließende empirische Prüfung bestätigt oder widerlegt die Definition. Sourisseaux wählt das facettentheoretisches Verfahren zur Konzeptualisierung der Unternehmenskultur, eine Methode, die besonders bei komplexen und wirklichkeitsnahen Konstrukten geeignet ist. Borg (1992) bezeichnet die facettentheoretische Methode als eine "...Strategie der sukzessiven Approximation, die von Replikation zu Replikation fortschreitet und dabei Definitionssysteme/Modelle entwickelt, die die Daten immer genauer beschreiben" (S.136). Zunächst werden Definitionen oder Modelle entwickelt, empirisch geprüft (top-down) und diese Prüfung wirkt auf die Ausgangsmodelle (bottom-up) zurück. Die facettentheoretische Konzeptualisierung arbeitsbezogener Werte durch Elizur (1984) bildet den Ausgangspunkt für Sourisseaux (1994) zur Ausarbeitung seines Erhebungsinstruments zur Unternehmenskultur (S.87), da dieses Modell theoriegeleitet entwickelt worden und die forschungspraktische Brauchbarkeit bewiesen sei (vgl. hierzu Kritik von Borg, 1992, S.39). Dieses Basismodell erfährt sodann eine Modifizierung und Erweiterung, um als Erhebungsinstrument für Unternehmenskultur einsetzbar zu sein (Sourisseaux, 1994, S.87).

## 13.2.1    Darstellung der Facettentheorie in Grundzügen

Ausgangspunkt jeder facettentheoretischen Strategie ist ein konzeptioneller Definitionsrahmen, dessen Kriterium nicht der Wahrheitsgehalt (Borg, 1992, S.79) sondern die Brauchbarkeit hinsichtlich forschungspraktischer und theoriebildender Aspekte ist (Sourisseaux, 1994, S.83).

Aus der Definition wird der Gegenstandsbereich der Untersuchung begründet und das Messinstrument, also die Frage-Items, konstruiert. Gegenstandsbereiche setzen sich zusammen aus Populationen (P-Universa), Situationen (S-Universa) und beobachtbarem Verhalten oder Reaktionen (R-Universa). Bei den drei Universa handelt es sich um Mengen, die im Sinne des kartesischen Produkts verknüpfbar sind: P x S →R. Die Mengenrelation beinhaltet, dass sich Variationen von P und S in R zeigen. Eine Kategorie aus einer Menge wird als Strukt bezeichnet, die Struktkombination verschiedener Mengen mittels Kreuzfacettierung als Struktupel. Die Abbildungsrelation bezeichnet man als Mapping, den entstehenden Abbildungssatz der mengentheoretischen Relation P x S→ R als Mapping Sentence (vgl. Sourisseaux, 1994, S.40ff.).

| Mitarbeiter (x) aus | Organisation (y) | | unter den Rahmenbedingungen (z) |
|---|---|---|---|
| beurteilt ein | A: MODALITÄT (a1: instrumentell/materielles) (a2: affektiv/soziales) (a3: kognitiv/psychologisches) | Arbeitsergebnis, | |
| welches er in Abhängigkeit seiner | B: LEISTUNGSABHÄNGIGKEIT (b1: Leistung) (b2: Rolle) | rezipieren kann als | ANTWORTRANGE (sehr unwichtig) (...............) (sehr wichtig) |

Abbildung 1: Formale Definition des Gegenstandsbereiches von Arbeitswerten in Form eines Mapping Sentence (Elizur, 1984, p.384; Deutsche Version nach Gontard , 2002, S.84)

Elizur stellt zunächst fest, dass arbeitsbezogene Werte mit "Arbeitsergebnissen" gleichzusetzen sind, die aus der Interaktion von Organisation und Organisationsmitgliedern entstehen. Diese Arbeitsergebnisse lassen sich unterscheiden nach "Modalität" (Facette A) und "Leistungsabhängigkeit" (Facette B). Die Reaktion im Sinne einer Bewertung reicht von "sehr wichtig" bis "sehr unwichtig". Das P-Universum umfasst den einzelnen Mitarbeiter, das S-Universum die Inhaltsfacetten A (Modalität) und B (Leistungsabhängigkeit) und das R-Universum den Antwortrange von "sehr unwichtig" bis "wichtig".

Die Facette A ist unterteilt in die Strukte a1: instrumentell/materiell, a2: affektiv/ sozial und a3: kognitiv/psychologisch.

Instrumentell-materielle Arbeitsergebnisse bezeichnen direkte praktische Nutzbarkeit, wie zum Beispiel Gehalt oder Arbeitsbedingungen. Soziale Beziehungen zu Vorgesetzten und Kollegen (Vertrauen, Offenheit etc.) stehen im

Fokus der affektiv-sozialen Kategorie, während kognitiv-psychologische Arbeitsergebnisse intrinsische Werte wie Autonomie, ganzheitliche Arbeitsaufgaben etc. thematisieren (Sourisseaux, 1994, S.86)

Die theoretische Basis für diese Differenzierung findet sich in Herzbergs (1966) Gegenüberstellung von intrinsischen (a3) und extrinsischen (a1 und a2) Arbeitswerten. Auf Katz und Kahn (1978) geht die Legitimation der Belohnung zurück, die unterschieden wird in leistungsabhängige individuelle Belohnung (b1: Leistung) und leistungsunabhängige Organisationszugehörigkeit (b2: Rolle) wie beispielsweise Sozialleistungen (vgl. Sourisseaux, 1994, S.86).

Das Kontinuum des Antwortranges gilt als anerkannt und lässt durch die Frage nach der Wichtigkeit Werte messbar machen. Die verschiedenen Strukte der Facette A lassen sich mit den Strukten der Facette B kreuzen, so dass sich sechs ( 2 x 3) Struktupel ergeben, beispielsweise a1b1.

Der Mapping-sentence lautet dann: "Ein Mitarbeiter beurteilt ein materielles Arbeitsergebnis in Abhängigkeit von seiner Leistung als sehr wichtig."

Auf der Basis dieses Mappings entwirft Elizur Frage-Items, die die jeweiligen Struktupel repräsentieren, wobei einem Struktupel mehrere Fragen zugeordnet werden können (vgl. Anhang D).

Die Kontiguitätshypothese besagt, dass zwei Arbeitswerte, die sich konzeptionell ähnlich sind, also gleiche Strukte in ihren Struktupeln haben, auch eine empirische Ähnlichkeit aufweisen, d.h. höher interkorrelieren als unähnliche Struktupel (vgl. Sourisseaux, 1994, S.47). Der Korrelationskoeffizient sollte am höchsten sein bei identischen Struktupeln. Dieser Aspekt beschreibt die Funktion von Korrespondenzhypothesen als "Brückenprinzip" (S.47) zwischen Definitionsrahmen und empirischen Daten. Des weiteren werden die gewonnenen empirischen Daten, die in einer Interkorrelationsmatrix dargestellt wurden, in einem geometrischen Raum abgebildet (S.48). Diese Abbildungsfunktion übernimmt die Similarity Structure Analysis (SSA). Je höher die Messwerte interkorrelieren, desto näher befinden sie sich zueinander im geometrischen Raum. Die geometrische Darstellung dient dazu, weitere Datenmuster und Strukturaspekte zu entdecken (S.49).

Elizur stellte eine "regionale Hypothese" (Gontard, 2002, S.85) auf, die vermuten lässt, dass die Facette A den geometrischen Raum polar in drei Regionen teilt. Facette B hingegen sollte den Raum modularisierend partitionieren, d.h. zwei Ringe (b1: Leistung und b2: Rolle) um den Ursprungspunkt legen. Entsprechend dieser „Radex-Hypothese" entstehen also im Idealfall sechs abtrennbare Regionen, die den

Struktupeln entsprechen. Der Definitionsrahmen gilt als empirisch nachgewiesen, wenn er der Aufteilung des SSA-Raumes entspricht (Sourisseaux, 1994, S.61).

Dieser Nachweis gelang Elizur, so dass sein konzeptuelles Rahmenkonzept als bestätigt gilt. Des weiteren konnten Konstruktvalidität und hohe Reliabilität in anderen Studien bestätigt werden (Gontard, 2002, S.86). Die Stärke der facettentheoretischen Methode liegt in der "... besonders feinen Diagnostik für die Verletzungen der Bedingungen des Modells durch die Daten" (Borg, 1992, S.133). Die Fehleranalyse führt zu einer Revision des Definitionssystems. In diesem Sinne kann von einer sukzessiven Approximation (s.o.) und dem Wechsel von "top-down" und "bottom-up" gesprochen werden.

### 13.2.2   Sourisseaux' Kulturfragebogen als Modifikation von Elizurs Konzept

Sourisseaux (1994) baut auf Elizurs bewährtem Definitionsrahmen auf, um ihn zu modifizieren und zu erweitern, da die Arbeitswerte als Aspekte von Unternehmenskultur diffiziler definiert werden können (S.87). Es ist eine Eigenschaft der facettentheoretischen Methode, dass sich relativ leicht weitere theoretisch begründete Strukte oder Facetten in den Mapping-sentence integrieren lassen. Sourisseaux' Mapping Sentence weist folgende Struktur auf:

| Mitarbeiter (x) aus | Organisation (y) | unter den | Rahmenbedingungen (z) |
|---|---|---|---|
| beurteilt aus | (a1: eigener) | Sichtweise, ein | B: MODALITÄT (b1: kognitiv/psychologisches) (b2: instrumentell/materielles) (b3: affektiv/soziales) |
| Arbeitsergebnis, welches von | C: VERTEILER (c1: der Organisation) (c2: den Mitarbeitern) (c3: den Kunden) (c4: der Gesellschaft) | bereit gestellt wird | und von |
| D: VERBRAUCHER (d1: der Organisation) (d2: den Mitarbeitern) (d3: den Kunden) (d4: der Gesellschaft) | rezipiert werden kann, | abhängig von deren | E: LEGITIMATION (e1: Leistung) (e2: Rolle) (e3: Bedürftigkeit) |
| für das | G: FUNKTIONSMODUS (g1: expressive) (g2: integrative) (g3: unspezifische) | funktionieren | H: SYSTEM (h1: der Organisation) (h2: des Mitarbeiters) |
| | ------------------------> | als | RANGE 1 (unwichtig) (..............) (wichtig) |

Abbildung 2: Sourisseaux' Mapping Sentence der Organisationskultur (1994, S.102).

Es ist zu beachten, dass Sourisseaux die Facetten mit anderen Buchstaben bezeichnet.

Die Legitimationsfacette wird um die Kategorie "Bedürftigkeit" als neuem Extrempunkt für Leistungsabhängigkeit erweitert (S.88). So wird die Partitionierung des SSA-Raumes verfeinert, indem ein dritter "Ring" - die Facette Legitimation wirkt modulisierend – hinzutritt.

Auf der theoretischen Grundlage der Austauschtheorien führt Sourisseaux die Facetten "Verteiler"(C ) und "Verbraucher"(D) ein (S.90). Diese Facetten bestehen jeweils aus den Kategorien Organisation, Mitarbeiter, Kunden und Gesellschaft. Die "Verteiler" stellen Beiträge zur Verfügung, die die "Verbraucher" als Belohnungen zur Aufrechterhaltung der Beziehung erhalten. Die eigentliche Erweiterung liegt in den Kategorien Kunde und Gesellschaft. Denkt man an die Forderung nach Kundenorientierung (vgl. Nerdinger, 2003) und den allgemeinen Innovationsdruck (vgl. Gebert, 2002), wird diese Beziehung plausibel.

Der Austausch zwischen Organisation und Gesellschaft lässt sich am einfachsten an den Beispielen Steuern und Subventionen verdeutlichen. Hierbei wird zudem klar, dass Unternehmenskultur und Gesellschaft in einem Verhältnis gegenseitiger Beeinflussung stehen, was bei dem Konstrukt Organisationsklima, das sich per definitionem lediglich auf den innerbetrieblichen Bereich bezieht, nicht der Fall ist (S.90).

Des weiteren wird ein Bezugssystem für die Beurteilung der Wichtigkeit geschaffen (Facette H: System). Der Autor geht nicht nur von der Wichtigkeit für den Mitarbeiter, sondern auch für das Wohlergehen für die Organisation aus (h1: Organisation). Die zusätzliche Facette G, der Funktionsmodus, beschreibt die Wichtigkeit hinsichtlich ihres Zwecks für Organisation (h1) oder Mitarbeiter (h2). Unterschieden wird weiter expressive (g1), integrative (g2) oder unspezifische (g3) Wirkungsweise (S.92-94). Aus Organisationssicht beschreibt expressive Funktionalität beispielsweise Zielerreichung, integratives Funktionieren und Koordination verschiedener Organisationselemente. Unter unspezifischer Funktionalität subsumiert Sourisseaux Anpassung an die Umwelt (adaptiv) und Aufrechterhaltung der Organisationsstrukturen (konservativ). Adaption und Integration sind die wichtigsten Funktionen von Unternehmenskultur im Konzept von Schein. Auch auf der Ebene des Mitarbeiters lassen sich die Kategorien anwenden: Expressive Funktionalität beschreibt Aspekte wie Selbstverwirklichung. Die integrative Kategorie lässt ein breites Interpretationsspektrum zu, beispielsweise die Frage: Wie wichtig ist angenehme Zusammenarbeit für ihre persönliche

Integration in die Organisation ? Man denke hierbei an die Clanbildung (Ouchi) oder den "verschworenen Familiengeist" bei Peters und Waterman. Aber auch für die wissenschaftliche Kulturforschung liefert die Kreuzfacettierung der Strukte "Funktionsmodus" und "System" wichtige Ergebnisse.

Die abschließende Verfeinerung des Mapping-sentence bezieht sich auf den Antwortrange. Die Wichtigkeitsbeurteilung wurde beibehalten, da sie letztlich das einzige Unterscheidungskriterium der Kulturerhebung zu anderen Konstrukten wie Organisationsklima oder Arbeitszufriedenheit darstellt. Die Frageitems können laut Sourisseaux zur Erfassung von Organisationsklima und Arbeitszufriedenheit eingesetzt werden, würde am Schluss nicht nach einer Wichtigkeitsbeurteilung gefragt (S.97).

Auf dieser Basis wurden 420 Frageitems formuliert und empirische Daten erhoben. Der SSA-Raum –hochkomplex, in Radex und dreidimensionalen (Doppel-) Cylindrex–Organisationen- bestätigte im wesentlichen den Definitionsrahmen. Empirische Abweichungen führten zu konzeptionellen Modifizierungen. (vgl. 420-51)

### 13.2.3   Kritik

Sourisseaux spricht selbst von einer sehr guten Bewährung des facettentheoretischen Ansatzes zur theoretischen Konzeptualisierung und empirischen Überprüfung des Konstrukts der Unternehmenskultur (S.430). Insbesondere der Vergleich der beobachtbaren Realität mit der theoretischen Konzeption und dessen anschließende Modifikation werden vom Autor hervorgehoben. Neben der Eliminierung nicht geeigneter Facetten lassen sich zudem neue Facetten, bedingt etwa durch neue theoretische Erkenntnisse oder gesellschaftlichen Wandel, in den Definitionsrahmen integrieren (S.445). Das Prinzip des Mapping erweist sich geeignet zur Konstruktion eines kontentvaliden Fragebogens. Wenn Sourisseaux allerdings von "vollständiger und inhaltsvalider Messung der Organisationskultur"(447) spricht, muss ihm im Sinne von Schein, Sackmann und Hatch dahingehend widersprochen werden, dass grundlegende Prämissen, also das kulturelle Fundament zur Erschließung der Bedeutung anderer Ebenen, keineswegs gemessen werden.

Der Umfang des Fragebogens mit 420 Items ist für die praktische Anwendung zu umfangreich. Borg diskutiert die Frage des Umfangs von Fragebögen und kommt zu dem Ergebnis, dass eine feste Regel zwar nicht aufgestellt werden könne,

Erhebungen durchschnittlich aber 70 Items umfassen und eine halbe Stunde nicht wesentlich überschreiten sollten (Borg, 2003, S.120).

Die Items zur Erhebung der Unternehmenskultur unterscheiden sich nicht inhaltlich, sondern lediglich durch den Antwortrange von Fragen zum Organisationsklima oder zur Arbeitszufriedenheit. Das einzige Kriterium zur Differenzierung ist das Wichtigkeitsurteil von "wichtig" bis "unwichtig" (Sourisseaux, 1994, S.97).

Borg (2003) merkt hierzu an, dass Wichtigkeits- und Zufriedenheitsurteile nicht unabhängig voneinander seien, sondern vielmehr in einem komplexen Verhältnis zueinander stehen (S.118). Von "neutral" bis "sehr zufrieden" korrelieren Zufriedenheitsaussagen hoch positiv mit Wichtigkeitsurteilen. Bei negativen Zufriedenheitsaussagen unterscheidet Borg zwei Trends. Die U-förmige Korrelation widerspiegelt den Sachverhalt, dass die Wichtigkeit sowohl mit höherer Zufriedenheit als auch mit höherer Unzufriedenheit steigt. Borg (2003) argumentiert, dass mit größerer Wichtigkeit der "Streubereich der Affekte" (S.118) größer wird. Nur wenn es sich um einen wichtigen Sachverhalt handelt, wird man dementsprechend mit "sehr zufrieden" rsp. "sehr unzufrieden" antworten. Der Trend der direktmonotonen Korrelation (je unzufriedener desto unwichtiger et vice versa) erklärt Borg mit der Theorie der kognitiven Dissonanz, also dem Versuch der Neubewertung der Dinge. Dem unangenehmen Dilemma, mit einem Sachverhalt sehr unzufrieden zu sein, den man gleichzeitig für sehr wichtig hält, entgegnet man mit intrapsychischem Copingverhalten (S.119). Dieses Verhalten wurde bei verschiedenen Persönlichkeitsdispositionen, meist Ängstlichkeit, nachgewiesen (S.119).


### 13.3    Kultur–Erhebung nach Gontard

Das Modell von Sourisseaux erfasst keine grundlegenden Prämissen, sondern geht davon aus, dass durch die quantitative Erhebung von Werten das Konstrukt Unternehmenskultur vollständig erfasst werden kann.

Gontard (2002) entwickelt ein multi-methodisches Instrumentarium, das versucht, die grundlegenden Prämissen, also den Kern jeder Unternehmenskultur, mittels qualitativer Methoden erfassbar zu machen. Wie bereits erwähnt, integriert er das Konstrukt des Organisationsklimas als vierte Ebene in das Modell von Schein, positioniert zwischen der Ebene der Artefakte und der bekundeten Werte (vgl. Anhang D).

Zur Messung des Organisationsklimas als vorgeschalteter Exploration abstrakterer Kulturebenen zieht er den erprobten EEM von Rosenstiel heran. Um Werte messbar zu machen, modifiziert er Elizurs facettentheoretische Konzeptionalisierung. Gontard geht aus von einer theoretischen Unterscheidbarkeit, also nicht von einer einfachen Doppelproduktion der Ebenen des Organisationsklimas und der Werte. Er sieht seine Hypothese dann empirisch bestätigt, wenn die Korrelationen zwischen Klima- und Werteitems kleiner sind als 0.5 (S.97). Vorraussetzung dieser Gegenüberstellung ist, dass beide Erhebungen ähnliche Inhalte abfragen.

### 13.3.1 Modifizierung des Mapping-Sentence

Bereits Sourisseaux kritisierte die einfache Dichotomisierung innerhalb der Facette B (Leistungsabhängigkeit) bei Elizur. Auch Gontard übernimmt nicht einfach dessen Kontinuum, sondern fügt eine dritte Kategorie zwischen den Extrempunkten Leistung und Rolle ein. Das Strukt b2 (Leistung-Rolle) beschreibt den Sachverhalt, dass das Arbeitsergebnis zu gleichen Teilen von der Leistung als auch von der Zugehörigkeit zur Organisation abhängig ist (S.86). Der erweiterte Definitionsrahmen wurde dadurch bestätigt, dass sich der SSA-Raum tatsächlich durch drei Ringe partitionieren ließ. Zudem wurde der Anwort-Range um das Strukt "sehr unwichtig" verkürzt. Nicht jedem Klima-Item wurde ein Werte-Item zugeordnet, da oftmals mehrere Klima-Items denselben dahinterliegenden Wert erkennen ließen. Nach einem Pretest entstand ein Wertefragebogen mit 28 Items, von denen einige nicht in der "Wir-Form" formuliert, sondern individuell zu beantworten waren, da in der Voruntersuchung mehrere Probanden angaben, gewisse kollektive Perspektiven kaum zu kennen. Diese Kollegenperspektive wurde bei Klima-Items hingegen nicht problematisiert. Nach Abschluss beider Erhebungen stellte sich anhand der Korrelationsberechnungen heraus, dass es sich auch empirisch um zwei unterschiedliche Konstrukte handelt. Klima- und Werte-Items korrelierten zwar schwach positiv miteinander (vgl. S.143ff.), aber der hypothetisch vorhergesagte Korrelationskoeffizient (0.5) wurde selten erreicht. Dennoch bleibt die Kritik von Borg in Kraft, da zu prüfen bleibt, ob ggf. Persönlichkeitsmerkmale wirksam waren, gerade weil in Gontards ideographischer Einzelfallstudie eine Fusion zum Gegenstand hatte, die vielfache Ängste freisetzte. Hier ließe sich sinnvoll das Konzept zur Handlungs- und Lageorientierung von Kuhl zu Rate ziehen (Kuhl, 1987, S.106ff.; zusammenfassend: Müsseler/Prinz, 2002, S.299).

### 13.3.2 Entwicklung einer qualitativen Erhebung

Gontard (2002) geht von wechselseitig abhängigen Kulturebenen aus, so dass Differenzen eines Soll-Ist-Vergleichs, also der Werte- und Klima-Items, Problembereiche aufzeigen und zu prüfende Fragestellungen hinsichtlich der dahinterliegenden Grundannahmen aufwerfen. Wird beispielsweise die Mitsprache bei Zielvereinbarungen als wichtig erachtet (Wert-Item), aber nicht als existent wahrgenommen (Klima-Item), so fände sich hier ein Ansatzpunkt für weitere Forschungsaktivitäten.

Aus diesen Überlegungen heraus entwickelt Gontard auf der Basis der quantitativen Daten ein problemzentriertes Interview als qualitatives Instrumentarium zu Erhebung der Grundannahmen. Einerseits lassen Methoden der Beobachtung kaum Rückschlüsse auf Prämissen zu, andererseits wahren Gruppendiskussionen nicht die Anonymität der Probanden.

### 13.3.3 Zur Theorie des qualitativen Interviews

Das problemzentrierte Interview gilt als eine Form des qualitativen Interviews auf der Basis qualitativer Methodologie. Es handelt sich nicht wie in quantitativen Befragungen um "operationalisierte Wirklichkeitsdefinitionen" (Lamnek, 1995b, S.61), die der Forscher, geleitet von seinem vorab existierenden theoretischen Konzept unabhängig vom Untersuchungsobjekt festgelegt hat, sondern um ein a priori nicht determiniertes Fremdverstehen der Befragten. Es geht somit um die Genese von Theorien, die sich an den Relevanzsystemen oder Wirklichkeitsdefinitionen der Betroffenen orientieren. Aus der Ablehnung dieser Prädetermination durch den Forscher leitet sich als das zentrale Prinzip interpretativer Sozialforschung der Grundsatz der *Offenheit* ab (S.61). Der Forschungsgegenstand konzipiert und strukturiert sich im Verlauf des Interviews durch die Befragten.

Ein weiterer methodologischer Aspekt des interpretativen Paradigmas ist *Kommunikativität* (S.62). Innerhalb dieses Paradigmas wird Wirklichkeit gesellschaftlich durch Diskurs produziert, so dass analog durch sukzessive Interaktionsprozesse zwischen Interviewer und Befragten Deutungs- und Handlungsmuster erkennbar werden. Der Forscher ist aufgerufen, jede Form der Suggestion und Prädetermination zu unterlassen und eine gesprächsanregende, nondirektive Atmosphäre des Vertrauens zu schaffen.

Das methodologisch notwendige Kriterium der *Flexibilität* betont die Gestaltung des Interviews im wesentlichen nach den Bedürfnissen der Befragten und lehnt jede Form der Vorkonstruktion und Standardisierung des Interviews ab (S.63), so dass beispielsweise geschlossene Fragen nicht zur Anwendung kommen.

Das Postulat der *Explikation* (S.63) bezieht sich sowohl auf die Offenlegung des Forschungsprozesses zum intersubjektiven Nachvollzug als auch auf die Anregung des Forschers zur Anregung genauerer Ausführungen seitens des Befragten mittels Paraphrasierung (Aufgreifen der Aussage in leicht modifizierter Form) und zurückhaltendem Interpretieren des Gesagten.

Durch die Kriterien der *Explikation* und *Prozesshaftigkeit* manifestiert sich quasi automatisch das methodologische Prinzip der *Reflexivität* als Prozess gegenseitiger Anpassung und Sinndeutung (S.63).

Das qualitative Interview mit seinem geringen Grad an Standardisierung ist dem Einzelfall-Approach verpflichtet (vgl. historisch: Weber, 2005, S.127-136). Lamnek (1995b) bezeichnet die Einzelfallstudie als "... elementaren empirischen Zugang des interpretativen Paradigmas zur sozialen Wirklichkeit, der die Einzelperson in ihrer *Totalität* ins Zentrum der Untersuchung zu stellen trachtet" (S.21; Hervorhebung v. Verf.). Unter Bezug auf die jeweilige Alltagssprache in einer möglichst natürlichen Situation präsentiert der Interviewer einen "Grundreiz" (S.65) als Reaktionsvorgabe für den Befragten oder einen stichpunktartigen Leitfaden wichtiger Fragen, der allerdings keinen Gesprächsverlauf festlegt. Erst aufgrund der so gewonnenen Daten werden theoretische Konzepte entwickelt.

### 13.3.3.1 Das problemzentrierte Interview als Form qualitativer Forschung

Das problemzentrierte Interview als Form qualitativer Befragung beleuchtet einen speziellen Problembereich gesellschaftlicher Realität (vgl. Lamnek, 1995b, S.75)

Diese Methode stellt zwar immer noch die Genese eines theoretischen Konzepts durch den Befragten in den Vordergrund, allerdings existiert bereits ein theoretisches Konstrukt im Vorfeld, so dass eher von einer Modifizierung desselben gesprochen werden muss. Die strenge Induktion, wie sie beispielsweise im narrativen Interview Anwendung findet, wird aufgegeben zugunsten einer Kombination aus empirischer Induktion und theoretischer Deduktion (S.75). Der Problembereich wird im Vorfeld wissenschaftlich erkundet, so dass bereits theoretische Konzepte existieren, die nun im Forschungsprozess zur Disposition stehen und sich dann an der Realität messen lassen müssen und durch gewonnene empirische Daten modifiziert rsp. revidiert werden. Das "Erzählprinzip" (S.75) bleibt dahingehend umfänglich erhalten, dass der Forscher sein Vorwissen zurückhält und so die Wirklichkeitskonstruktion allein durch den Befragten stattfindet.

Die erzählende Struktur und die Eingrenzung des gesellschaftlichen Problembereichs sind Inhalt der ersten Phase des problemzentrierten Interviews (S.75). Es schließt sich die Phase der allgemeinen Sondierung an, in der der Interviewer den Befragten durch ein Erzählbeispiel aus dessen Alltagswelt zum Erzählen stimuliert und in den *"Zugzwang der Detaillierung"* (S.76; Hervorhebung v. Verf.) versetzt.. Die anschließende Phase der *"spezifischen Sondierung"* (S.76; Hervorhebung v. Verf.) dient der aktiven Verständnisgenerierung durch den Interviewer. Er kann dieses Verständnis erzeugen durch ein Interpretationsangebot seinerseits ("Zurückspiegelung"), durch Verständnisfragen oder behutsames Aufdecken von Widersprüchen (Konfrontation). Die vierte Phase setzt den Erzählmodus aus und bietet die Möglichkeit direkter "ad-hoc" Fragen zum Problembereich. Diesen Interviewphasen kann ein standardisierter Kurzfragebogen vorgeschaltet werden.


### 13.3.4    Datenerfassung

Der Einsatz eines standardisierten Fragebogens im Vorfeld bedeutet eine Vermittlung qualitativer und quantitativer Methoden. Hier fallen Datenerfassung und -erhebung zusammen. Der Fragebogen stimuliert eine inhaltliche Auseindersetzung mit dem Problemfeld und aktiviert Gedächtnisinhalte (Lamnek, 1995b, S.76). Desweiteren entwickelt der Forscher einen Leitfaden als Orientierungsrahmen. So ist sichergestellt, dass alle relevanten Themen behandelt werden. Das gesamte Gespräch wird mittels Tonträger oder Video aufgezeichnet und im Anschluss transkribiert. Zudem wird ein Postscript angefertigt, das die Rahmenbedingungen und nonverbalen Reaktionen festhält.


### 13.3.5    Auswertung

Nach der Analyse von Wortwahl und Textart ("methodologische Kommentierung" , S.77) wird eine "kontrollierte Interpretation" (S.78) durch mehrere Forscher vorgenommen, um eine intersubjektive Prüfung zu gewährleisten. Zur Forschungslogik qualitativer Forschung führt Lamnek aus, dass eine *prinzipielle "erkenntnislogische Ähnlichkeit von alltagsweltlichem Fremdverstehen und wissenschaftlich kontrolliertem Nachvollzug postuliert* [wird, HG]" (S.204; Hervorhebung v. Verf.). Des weiteren wird versucht, aus den entwickelten

Interpretationen ein *"Set von sozialen Handlungsmustern"* (S.204; Hervorhebung v. Verf.) zu identifizieren. Dem Postulat quantitativer Forschung nach Generalisierung und Falsifikation wird hier das Prinzip der Typisierung (vgl. Gerhardt, 1995, S.435-439) entgegengestellt.

### 13.3.6 Gontards Leitfaden

Gontards (2002) problemorientierter Leitfaden ergibt sich aus der Differenz der empirischen Daten der Klima- und Werteerhebung. Er entwickelt einen Fragenkatalog, orientiert an der Methodik des problemzentrierten Interviews (S.98), der den Befragten zunächst in eine alltägliche Situation versetzt und sich dann auf typische Verhaltensweisen und deren implizite Annahmen konzentriert (vgl. Anhang F).

Hinsichtlich der qualitativen Inhaltsanalyse orientiert sich Gontard an allgemeinen Prozessmodellen der qualitativen Analyse, wie beispielsweise der qualitativen Inhaltsanalyse nach Mayring (vgl. Mayring, 1995, S.209-213).

Wie bereits erwähnt, bedient sich das problemzentrierte Interview auch quantitativer Methoden. So weist auch die Kritik von Lamnek (1995b) auf eine starke quantitative Ausrichtung des Mayringschen Modells hin: "Weniger qualitativ ist dieses Verfahren, weil die Einzelfälle nicht in ihrer spezifischen Ganzheit durch theoretische Begriffe beschrieben werden, sondern durch zergliedernde Kategorien analytisch erfasst werden. *Der Einzelfall wird eben doch zu einer Sammlung von Merkmalsausprägungen"* (S.207; Hervorhebung v. Verf.). Dennoch, so Lamnek zusammenfassend, ist Mayrings Methode als qualitativ zu bezeichnen, da sie "... in den Grundlagen dominant an diesem Paradigma orientiert ist" (S.217).

Während der Datenanalyse entwickelt Gontard (2002) ein Kategoriensystem, welches aber in Grundzügen schon a priori besteht und auf dem Inhaltsraster von Scheins Grundannahmen aufbaut (S.109). Das Zugrundelegen eines inhaltlichen Kategorienschemas als Hypothese und deren Möglichkeit zur Falsifikation ist Kernstück quantitativer Forschungslogik (Lamnek, 1995b, S.173). Allerdings werden diese Kategorien im Zuge der Analyse – nach dem Prinzip der Offenheit – entsprechend dem empirischen Material immer wieder modifiziert, so dass sich in einem zirkulären Prozess aus Induktion und Deduktion ein endgültiges Kategorienschema herauskristallisiert (vgl. Anhang G).

Es handelt sich bei Gontards Untersuchung um eine Einzelfallstudie mit ideografischem Charakter, deren Ergebnisse keinen Anspruch auf Generalisierbarkeit stellen. Dennoch stellt Gontards multimethodales Vorgehen ein Rahmenkonzept dar, das der Komplexität des Phänomens der Unternehmenskultur mit seinen unterschiedlichen Abstraktionsniveaus Rechnung trägt und die oft gegensätzlichen Ansätze der Forschung zu integrieren versucht.

### 13.4 Ausblick

Auf eine explizite Darstellung der Fragestellung und Ergebnisse der Studie Gontards soll an dieser Stelle verzichtet werden, da es das Ziel einer weiterführenden Arbeit sein wird, eine eigenständige empirische Studie zur Unternehmenskultur in Anlehnung an das dargestellte Rahmenkonzept zu konzipieren und durchzuführen.

Ausgangspunkt soll das Erhebungsinstrument zur Mitarbeiterumfrage (Associate Opinion Survey – AOS) des Marriott-Konzerns sein, der einmal jährlich in allen Dienstleistungsbetrieben des Konzerns eingesetzt wird (vgl. Anhang H; eine Erlaubnis von Marriott International liegt bereits vor).

Es handelt sich um eine klassische Meinungsumfrage im Sinne eines Realitätstests (vgl. Borg, 2003, S.25 f.), der empirische Daten hierarchisch geschichtet erhebt. Alle Frage-Items sind individuell in der "Ich-Form" formuliert, es werden also keine aggregierten psychologischen Klimata erhoben. Allerdings sei darauf verwiesen, dass auch Gontard nach seinem Pretest einige Items in der Ich-Form formulierte (s.o.). Die Kontinua der Antwortranges ("sehr gut" –"sehr schlecht" / "Stimme vollkommen zu" – "Stimme überhaupt nicht zu") stellen keine Wichtigkeitsratings dar, so dass es sich nicht um Werteitems handelt.

Ein kurzer Vergleich mit dem theoriegeleiteten "Leistungs-Zufriedenheits-Motor" von Borg (2003, S.113, vgl. Anhang I) zeigt, dass der Marriott-Opinion-Survey wesentliche Kategorien abdeckt:

Führung als zentrale Stellgrösse des Leistungsmanagements (Items 16–20), Empowerment (14), persönliche Entwicklung (20, 30, 31), Work-Life-Balance (32), Diversity (5, 11), commitment (34-38). Für ein Dienstleistungsunternehmen obligatorisch ist die starke Kunden- und Qualitätsorientierung (4, 12-15, 34).

Es wird zwar nach der "Beachtung von Ideen und Meinungen der Mitarbeiter" (3) gefragt, allerdings fehlt jegliche Erhebung wirklicher Partizipation, Mitgestaltung und Interessenvertretung. Sieht man von der Bewertung der Rekrutierungspolitik ab (8,9), so steht zwar der direkte Vorgesetzte, aber nicht das Top-Management zur Disposition (vgl. Borg, 2003, S.425, Items 64,65).

Desgleichen fehlen Items zur Verfahrens- und Verteilungsgerechtigkeit beispielsweise bei der Zuweisung von Belohnungen. So wird einerseits zwar gleich zu Beginn Teamarbeit (1,2) in den Fokus gerückt, aber nicht gefragt, ob Kooperation auch entsprechend belohnt wird. Der so oft propagierte "Employee of the Month", ausgezeichnet aufgrund individueller Leistung, ist hier sicherlich kontraproduktiv. Gerade Verteilungsgerechtigkeit hat große Bedeutung für den psychologischen Kontrakt (Borg, 2003, S.114). Ob explizite oder implizite Versprechungen wie beispielsweise die regelmäßige Durchführung von Mitarbeitergesprächen tatsächlich eingehalten werden, wird nicht erhoben. Trotz dieser Kritik soll der Marriott-AOS die empirische Grundlage einer Unternehmenskultur-Analyse darstellen, da durchaus wichtige Themenfelder wie Führung, als wohl wichtigste Größe der Organisationspsychologie, thematisiert werden. Interessant sind zudem die empirischen Daten zu Item 35: "Meine persönlichen Wertvorstellungen und die des Unternehmens stimmen überein." Hier liegt sicherlich ein Ansatz zur Werte-Erfassung, wenngleich zu beachten ist, dass dieses Item eher ungünstig positioniert ist, denkt man an kognitive Dissonanzen hinsichtlich der vertretenen Meinungen zu vorangegangenen Items oder einer Halo-Überstrahlung.

Im Anschluss an das empirische Material des AOS soll nach facettentheoretischer Methodik ein Werte-Fragebogen entwickelt werden.

Aufgrund der globalen Ausrichtung des Marriott-Konzerns und eines sehr internationalen Mitarbeiterfeldes in vielen Niederlassungen, sollen in diesem Werte-Fragenbogen auch die vier grundlegenden Dimensionen von Hofstede (1991) eingearbeitet werden. In seiner groß angelegten Studie befragte er 117.000 IBM-Mitarbeiter aus 40 Ländern und konnte mittels Faktorenanalyse die Kategorien Machtdistanz, Unsicherheitsvermeidung, individuelle versus kollektive Orientierung und die Pole Maskulinität und Feminität identifizieren. (vgl. Hofstede, 1991). Hofstede zeigte auf, dass der gesellschaftskulturelle Kontext unterschiedliche Grundorientierungen (mentale Programme) hervorruft, die Verhalten maßgeblich steuern.

Des weiteren werden verschiedene Wertelisten zu Rate gezogen, wie z.B. die humanistische Werteliste nach Underhill (1978) oder die kulturelle Werteliste nach Neuberger/Kompa (1987, vgl. Berkel, 1997, S.89).

In diesem Kontext soll untersucht werden, ob das Unternehmen in seiner Gesamtkonzeption dem anthropologisch-anthroposophischen Organisationsaufbau von Glasl entspricht. Glasl (2002) ordnet den drei elementaren Subsystemen einer

Organisation (technisch-instrumentell, politisch-sozial, kulturell) die drei Wirklichkeitsaspekte des Menschen (biologisch, seelisch, geistig) mit den passenden Funktionsprinzipien (Brüderlichkeit, Gleichheit, Freiheit) zu (S.32/36). Das technisch-instrumentelle Subsystem umfasst Prozesse, Abläufe und physische Mittel (Prinzip Brüderlichkeit). Struktur der Aufbauorganisation, Menschen, Klima und Organe zählen zum sozialen Subsystem (Prinzip Gleichheit). Identität, Werte, Visionen und Strategien werden dem kulturellen Subsystem (Prinzip Freiheit) zugeordnet (S.125). Glasl entwirft beispielsweise für Dienstleistungsunternehmen- und dazu zählt der Marriott-Konzern- ein spezielles Profil, um effizient und möglichst konfliktfrei arbeiten zu können. Da hier die Beziehungsqualität der Mitarbeiter untereinander unmittelbar die Qualität der Dienstleistung bestimmt, stehen Prinzipien des Vertrauens und der Gleichheit (soziales Subsystem) im Vordergrund (S.145-48).

Zudem werden besonders die Pole "Wandel/Risiko" vs. "Bewahrung/Stabilität" Beachtung finden, da der Marriott-Konzern in Zukunft Clustering-Prozesse anstrebt. Das Marriott-AOS stellt die Möglichkeit des Vergleichs der Ergebnisse aller Niederlassungen weltweit zur Verfügung und zudem ein Benchmarking zu anderen Branchen. Diese Ergebnisse sollen zur weiteren Hypothesenbildung herangezogen werden.

Im Anschluss an diese Erhebungen werden auf der Grundlage eines eigens modifizierten Kategorienschemas problemzentrierte Interviews durchgeführt.


## 14    Conclusio

Die Renaissance der Unternehmenskultur zu Beginn der 80er Jahre hatte seine Gründe in verschiedenen, teilweise gegenläufigen Interessen- und Motivlagen, die verhältnismäßig zeitgleich zum Tragen kamen.

US-Unternehmen waren verunsichert aufgrund japanischer Erfolge auf den Weltmärkten, das Vietnam-Trauma wirkte wie ein moralischer Offenbarungseid nach, traditionelle Werte gerieten ins Wanken, und zudem etablierten sich neoliberale Staatenlenker auf der Weltbühne.

„Excellence & Co" (Neuberger, 1987, S.13) versprachen Abhilfe: Optimismus, einfache Praxisrezepte, Besinnung auf Grundtugenden, Werte der Gründerzeit und gefeierte Heroen, leichte Lesbarkeit bei brillantem journalistischem Stil, plausible Anekdoten etc.. Wie eine Labsal für geschundene Managerseelen müssen die Veröffentlichungen von Peters & Waterman, Deal & Kennedy u.a. gewirkt haben.

"Seelische Winterhilfe" und "Werte-Infusionen" (Neuberger, 1987, S.268) sollten aus wirtschaftlicher und moralischer Lethargie befreien und neue Begeisterung wecken.

Reaganomics und Thatcherismus offenbarten den Raubtiercharakter des Kapitalismus, der sich nur noch als freie Marktwirtschaft, orientiert an Leistung und Eigennutz, gerierte. Was liegt näher als dieser "Wolfsnatur" eine Schutz suggerierende Unternehmenskultur, sozusagen als "legitimatorisches Korrektiv" (Tiebler/Prätorius, 1993, S.78), entgegenzusetzen. Neuberger (1987, S.262) spricht von "Verhausschweinung des Kapitalismus".

Unternehmenskultur passte in den narzißtischen Zeitgeist des New-Age, der geprägt war von religiösem Fundamentalismus und spiritualistischen Massenbewegungen. Für Unternehmensberater tat und tut sich ein lukratives Wirkungsfeld auf. Für Unternehmenskultur gilt wohl- zumindest für zahllose Berater – das gleiche, was Neuberger (1999) am Beispiel Mobbing aufzeigte: ein wirklich gutes Geschäft („Der Mobbing Diskurs- ökonomisch betrachtet", S.9).

Die Wünsche der Praktiker führen zu Simplifizierung des komplexen Phänomens. Typologien, meist plausibel, aber selten theoriegeleitet, schießen wie Pilze aus dem Boden. Es wimmelt nur so von Ritualen, Mythen, Symbolen, Traditionen, Geschichten etc.. Bekämpft werden soll das Rationalistische, Analytische, Anonyme und Nüchterne durch ein "Hollywood-Idyll von Eingeborenenstämmen" (Neuberger, 1987, S.269). Starke, hochkohäsive Einheitskulturen werden propagiert, und Clans gelten als Stoßtrupps für Fortschritt und Erfolg. "Brot und Spiele" aller Orten oder, um es drastisch zu sagen: "Eine Organisation, eine Kultur, ein Führer" (Neuberger, 1987, S.269).

Auch Malik (1990), der schon den Begriff Kultur in Zusammenhang mit rein ökonomischen Instituten für zu "bombastisch" (S.28) hält, warnt vor der Unternehmenskultur als "heiligem Gral" (S.31), ausgestattet mit "imperialistischen Alleinvertretungsansprüchen" (S.31). Er weist nachdrücklich darauf hin, dass viele der Aspekte, die für Unternehmenskultur gefordert werden "... zu allen Zeiten die herausragenden Kennzeichen kollektivistischer und totalitärer Ideologien..."(S.37) waren und sind.

Kieser (1991, S.253-271) zeigt auf, dass Mythen, Symbole und Rituale entscheidende Aspekte archaischer Stammeskulturen sog. primitiver Gesellschaften darstellen und nicht ohne weiteres auf moderne Unternehmen übertragbar sind. Funktion symbolträchtiger Rituale sog. primitiver Gesellschaften ist es, Normen alternativlos zu legitimieren und hinterfragender Kritik zu entziehen (S.264), denn archaische Kulturen sehen notwendigerweise keine bestandsgefährdende Trennung von persönlichen und gemeinschaftlichen Motiven vor. H. Blumenberg (1979) bezeichnet Mythen als Geschichten, die nicht von der Realität widerlegt werden können ("deren Widerlegung letal wäre", S.13), dem Unerklärlichen Sinn verleihen und Angst reduzieren (vgl. Westerlund/Sjöstrand, 1981, S.15).

Vom Mythos zum Logos und zurück? Haben wir es mit einer Re-Mythologisierung zu tun, mit einem zweckrationalen Umgang mit dem Vorrationalen?

Es ist in der Tat zynischer Zauber, Handlungen und Entscheidungen auf Organisationsebene ritualisiert und mythisiert gegen Kritik zu immunisieren. Die Firma etabliert sich als verschworener Clan, der Abweichler (Subkulturen!) ins Exil schickt und als normativ-sinnstiftendes Bollwerk gegen Wertewandel, postmaterielle Freizeitorientierung und Traditionsverfall fungiert.

P. Ulrich (1990) spricht vom "Umgang von "aufgeklärten Kolonisatoren" mit archaisch gebliebenen 'Eingeborenen'..." (S.291). Es handelt sich in diesem Sinne nicht um einen paradigmatischen Wechsel vom so verachteten rationalistisch-technokratischen Modell voller „Scientific Management"-Überspitzungen und "Taylorismen" zum ganzheitlich-symbolistischen Management. Die zynische Pointe besteht in der äußersten Steigerung des rationalistischen Modells durch Integration einer weiteren, sehr wirkungsvollen Erfolgs-Variablen.

Es ist meines Erachtens geboten, die oft pseudowissenschaftliche Beraterbranche in dieser pointierten Weise zu kritisieren, da Unternehmenskultur wie kaum ein anderes Thema der Gefahr ausgesetzt ist, von der Praxis ruiniert zu werden (Tiebler/Prätorius, 1993, S.69).

Um so wichtiger ist es, dass sich die Wissenschaft des Themas ohne idelogische Scheuklappen mit definitorischer Präzision, methodischer Transparenz und ethischer Verpflichtung annimmt.

Ein erster Schritt in diese Richtung war es –nach dem Scheitern der Kontingenztheorien- die widersprüchlichen Ansätze zu den Konstrukten Organisationsklima und Unternehmenskultur jeweils zu integrativen Perspektiven weiterzuentwickeln. Die Ausschließlichkeit einer theoretischen Ausrichtung –sei es objektivistisch oder subjektivistisch- wird der Komplexität des Themas nicht gerecht. Genausowenig sind Einseitigkeiten wie beliebige Machbarkeit oder Unantastbarkeit von Unternehmenskultur so nicht haltbar. Kultursensitives Management scheint hier ein gangbarer Mittelweg zu sein.

Des Weiteren ist es unmöglich, tieferliegende, unsichtbare Fundamente der Unternehmenskultur, quasi die „Grundströmung eines Gewässers" (Rüttinger, 1986, S.57), allein quantitativ zu erfassen. Das wäre so, als würde man Pulsschläge messen und ginge davon aus, mit wissenschaftlicher Exaktheit leidenschaftliche Liebe erfasst zu haben. Ein positivistischer Alleinvertretungsanspruch ist obsolet. Allerdings muss qualitative Forschung sich der Problematilk intersubjektiver Überprüfbarkeit und Generalisierbarkeit bewusst sein. Da es den methodischen Königsweg zur Erfassung von Unternehmenskultur nicht gibt, ist ein Methodenmix anzustreben, der qualitative Methoden gleichberechtigt einsetzt. Erst durch ein solches multimethodales Vorgehen lassen sich zumindest Annäherungen an ein sehr subtiles und facettenreiches Phänomen erzielen.

In Zeiten, die geprägt sind von zunehmender Komplexität, beschleunigter Dynamik, stetigem Wandel und täglichen Nachrichten über Merger und Akquisitionen (v.Dick, 2004, S.21f.), ist Unternehmenskultur eine zentrale Größe.

Das zunehmende Verständnis von Unternehmen als selbstorganisierende und selbstreferentielle Systeme ändert gewohnte Sichtweisen radikal – für die Traditionalisten in den Managementetagen in oft schmerzlicher Weise. Capras "Wendezeit" sollte in Managementetagen zur Pflichtlektüre erhoben werden.

Die Neuere Führungsforschung nähert sich ihrem Thema zunehmend "anforderungsnah" (vgl. hierzu Schilling, 2005, Stempfle, Badke-Schaub, 2005). Führung wird erforscht unter dem Gesichtspunkt der Interaktion zwischen Führenden und Geführten. Diese Entwicklungen korrespondieren mit einem integrativen Konzept von Unternehmenskultur als schillerndem Phänomen *und* harter Variable. Unternehmen haben gestaltbare Kultur und sind gleichzeitig –erkenntnisleitend- Kultur. Sozial konstruierte und interpretierte Wirklichkeiten sind Realitäten, wenngleich nicht im luftleeren Raum.

Um der janusköpfigen symbolischen Führung und mithin dem manipulativen Missbrauch einer zynischen Variablen-Kultur zu begegnen, bedarf es einer ethischen Verpflichtung sowohl der Berater als auch der Wissenschaft und immer des ausführenden Managements.

Nach den Grundsätzen der Führungsethik besitzt das Individuum einen gültigen humanen Eigenwert (conditio humana), ist mithin kein Objekt von Fremdbestimmung und nicht bloßes Mittel zum Zweck (vgl. Kant, Übergang zur Metaphysik der Sitten, BA, 66f.). Eine technokratische Verabsolutierung von Funktionalitäts- und Effizienzaspekten würde die Entfaltung individueller

Subjektqualität blockieren, die schließlich Voraussetzung individueller und unternehmerischer Leistungsfähigkeit ist (P.Ulrich, 1995, Sp.564).

Auf der Ebene der Gesamtorganisation zeigt sich zunehmend, dass auf compliance-Erklärungen und formale Kontrollsysteme kaum Verlass ist (Wieland, 2004, S.19). Ein Unternehmen ohne ethisches Fundament oder "organisierte Unverantwortlichkeit" wie Ulrich Beck (1988) es nennt, kann sich dauerhaft am Markt nicht behaupten (Wieland, 2004, S.14), d.h. Unternehmen sind kein ethikfreier Raum (Berkel, 1997, S.37). Werte müssen, quasi als Visitenkarte, einen festintegrierten Bestandteil des Unternehmens darstellen. Ein funktionierendes Wertemanagement (code of ethics) bietet Erwartungssicherheit in Hinsicht auf zukünftiges Verhalten der Unternehmung für neue Kooperationspartner, Stakeholder und potentielle Mitarbeiter (Wieland, 2004, S.23). Die unternehmenskulturelle Ausrichtung hängt immer ab von der ethischen Rückbindung des Managements.

In diesem Sinne gilt Peter Ulrichs Wort:

"Es gibt also noch genug 'Vernünftiges' im modernen Management zu tun!"

Also -und in einem anderen Sinne als im Vorwort zu Peters & Waterman- :

Packen wir's an !!!

# Literaturverzeichnis

Adorno, Th.W. (1969). Einleitung. In Th.W. Adorno u.a. (Hrsg.). *Der Positivismusstreit in der deutschen Soziologie*. Neuwied; Berlin: Luchterhand.

Bass, B./Steyrer, J. (1995). Transaktionale und transformationale Führung. In A. Kieser/ G. Reber/ R. Wunderer (Hrsg.). *Handwörterbuch der Führung*. (2.Aufl.). (Sp.2053-2062). Stuttgart: Schäffer-Poeschel.

Beck, U. (1988). Gegengifte. Die organisierte Unverantwortlichkeit. Frankfurt/M.:Suhrkamp

Berkel, K. (1997). *Unternehmenskultur und Ethik*. Heidelberg: Sauer-Verlag.

Bierhoff, H./ Herner, M. (1999). Arbeitsengagement aus freien Stücken: Zur Rolle der Führung. In G. Schreyögg/ J. Sydow (Hrsg.). *Führung neu gesehen. Managementforschung 9*. (S.55-87). Berlin: De Gruyter.

Birkigt, K., Stadler, M.M., Funck, H.J. (Hrsg.) (2002). *Corporate Identity. Grundlagen, Funktionen, Fallbeispiele*. (11.Aufl.). München: Redline Wirtschaft bei Verl. Moderne Industrie.

Bleicher, K. (2004). *Das Konzept Integriertes Management. Visionen – Missionen – Programme*. (7.Aufl.). Frankfurt/M.: Campus.

Blumenberg, H. (1996). *Arbeit am Mythos*. Frankfurt/M.: Suhrkamp.

Blutner, D./ Holtgrewe, U./ Wagner, G. (1999). Charismatische Momente und Trajekte – Das Projekt als Plattform charismatischer Führung. In G. Schreyögg/ J. Sydow (Hrsg.). *Führung neu gesehen. Managementforschung 9*. (S.199-237). Berlin: De Gruyter.

Borg, I. (1992). *Grundlagen und Ergebnisse der Facettentheorie*. Bern; Göttingen; Toronto; Seattle: Verlag Hans Huber.

Borg, I. (2003). *Führungsinstrument Mitarbeiterbefragung*. (3. Aufl.). Göttingen; Bern; Toronto; Seattle: Hogrefe-Verlag.

Bortz, J., Döring, N. (1995). *Forschungsmethoden und Evaluation für Sozialwissenschaftler*. (2.Aufl.). Berlin et al.: Springer.

Bungard, W. (2004). Organisationspsychologische Forschung im Anwendungsfeld. In Schuler, H. *Lehrbuch Organisationspsychologie*. (S.121-141). Bern: Hans Huber.

Calder, B.J. (1977). An attribution theory of leadership. In B. Shaw & G. Salancik (Eds.), *New directions in organizational behavior* (pp.179-204). Chicago: St. Clair Press

Capra, F. (2004). *Wendezeit. Bausteine für ein neues Weltbild*. Bern und München: Scherz Verlag.

Conrad, P., Sydow, J. (1984). *Organisationsklima*. Berlin; New York: de Gruyter.

Conrad, P./ Sydow, J. (1991). Organisationskultur, Organisationsklima und Involvement. In E. Dülfer (Hrsg.). *Organisationskultur: Phänomen – Philosophie – Technologie* (S.93-110). Stuttgart: Poeschel.

Csikszentmihalyi, M. (2000). *Das flow-Erlebnis. Jenseits von Angst und Langeweile: im Tun aufgehen.* (8.Aufl.). Stuttgart: Klett-Cotta.

Deal, T., Kennedy, A. (1982). *Corporate Cultures. The Rites and Rituals of Corporate Life.* Reading, Massachusetts: Addison-Wesley Publishing Company.

Diekmann, A. (1998). *Empirische Sozialforschung. Grundlagen, Methoden, Anwendungen.* (4.Aufl.). Reinbek bei Hamburg: Rowohlt.

Dill, P./ Hügler, G. (1997). Unternehmenskultur und Führung betriebswirtschaftlicher Organisationen – Ansatzpunkte für ein kulturbewusstes Management. In Heinen, E./ Fank, M. *Unternehmenskultur. Perspektiven für Wissenschaft und Praxis.* (S.141-209). München: Oldenbourg.

Dörner, D. (2001). *Die Logik des Misslingens. Strategisches Denken in komplexen Situationen.* Reinbek bei Hamburg: Rowohlt.

Dülfer, E. (1991). Organisationskultur: Phänomen – Philosophie – Technologie. Eine Einführung in die Diskussion. In E. Dülfer (Hrsg.). *Organisationskultur: Phänomen – Philosophie – Technologie* (S.1-20). Stuttgart: Poeschel.

Drumm, H. (1991). Probleme der Erfassung und Messung von Unternehmenskultur. In E. Dülfer (Hrsg.). *Organisationskultur: Phänomen – Philosophie – Technologie* (S.163-171). Stuttgart: Poeschel.

Eberl, P./ Koch, J./ Dabitz, R. (1999). Rebellion in der Organisation – Überlegungen zu einer Führungstheorie des radikalen Wandels. In G. Schreyögg/ J. Sydow (Hrsg.). *Führung neu gesehen. Managementforschung 9.* (S.239-277). Berlin: De Gruyter.

Ebers, M. (1985). *Organisationskultur: ein neues Forschungsprogramm?.* Wiesbaden: Gabler Verlag.

Ebers, M. (1991). Der Aufstieg des Themas "Organisationskultur" in problem-und disziplingeschichtlicher Perspektive. In E. Dülfer (Hrsg.). *Organisationskultur: Phänomen – Philosophie – Technologie* (S.39-63). Stuttgart: Poeschel.

Ebers, M. (1995). Organisationskultur und Führung. In A. Kieser/ G. Reber/ R. Wunderer (Hrsg.). *Handwörterbuch der Führung.* (2.Aufl.). (Sp.1664-1682). Stuttgart: Schäffer-Poeschel.

Elizur, D. (1984). Facets of Work Values: A Structural Analysis of Work Outcomes.In: Journal of Applied Psychology, 69/1984, S.379-389.

Evans, M. (1995). Führungstheorien – Weg – Ziel-Theorie. In A. Kieser/ G. Reber/ R. Wunderer (Hrsg.). *Handwörterbuch der Führung.* (2.Aufl.). (Sp.1075-1092). Stuttgart: Schäffer-Poeschel.

Fein, H. (1995). Führungskräfte als lernende Systeme. In A. Kieser/ G. Reber/ R. Wunderer (Hrsg.). *Handwörterbuch der Führung.* (2.Aufl.). (Sp.750-760). Stuttgart: Schäffer-Poeschel..

Frey, D., Stahlberg, D., Gollwitzer, P. (2001). Einstellung und Verhalten: Die Theorie des überlegten Handelns und die Theorie des geplanten Verhaltens. In Frey, D., Irle, M. (Hrsg.). *Theorien der Sozialpsychologie. Band 1. Kognitive Theorien.* (2.Nachdruck 2001 der 2.Aufl.). (S. 361- 398). Bern; Göttingen; Toronto; Seattle: Huber.

Frieling, E., Sonntag K. (1999). *Lehrbuch Psychologie.* (2. Aufl.). Bern; Göttingen; Toronto; Seattle: Huber.

Fuller, J.B. et al. (1996). A quantitative review of research on charismatic leadership. *Psychological Reports, 78,*271-287.

Gadamer, H.-G. (1990). *Wahrheit und Methode.* Tübingen: J.C.B.Mohr.

Gebert, D. (2002). *Führung und Innovation.* Stuttgart: Kohlhammer.

Gebert, D. (2004). Dilemma-Management. In G. Schreyögg/ A. v. Werder (Hrsg.). *Handwörterbuch Unternehmensführung und Organisation.* (4.Aufl.). (Sp.195-204). Stuttgart: Schäffer-Poeschel.

Gerstner, C. R./ Day, D. V. (1997). Meta-analytic review of leader-member-exchange theory: correlates and constructs issues. *Journal of applied Psychology, 82,* 827-844.

Glasl, F. (2002). *Konfliktmanagement. Ein Handbuch für Führungskräfte, Beraterinnen und Berater.* (8.Aufl.). Bern; Stuttgart; Wien: Haupt Verlag.

Göbel, E. (2004). Selbstorganisation. In G. Schreyögg/ A. v. Werder (Hrsg.). *Handwörterbuch Unternehmensführung und Organisation.* (4.Aufl.). (Sp.1312-1318). Stuttgart: Schäffer-Poeschel.

Gontard, M. (2002). *Unternehmenskultur und Organisationsklima. Eine empirische Untersuchung.* München; Mering: Hampp.

Greipel, P. (1990). Unternehmenskultur –Ansatzpunkt für ein erweitertes Verständnis strategischen Managements? In C. Lattmann (Hrsg.). *Die Unternehmenskultur. Ihre Grundlagen und ihre Bedeutung für die Führung der Unternehmung.* (S.319-338). Heidelberg: Physica-Verlag.

Guldin, A. (2004). Veränderung von Organisationen. In H. Schuler (Hrsg.). *Enzyklopädie der Psychologie, Themenbereich D, Serie III, Band 4: Organisationspsychologie – Gruppe und Organisation.* (S.701-771). Göttingen: Hogrefe.

Gutzen, D./ Oellers, N./ Petersen, J. (1989). *Einführung in die neuere deutsche Literaturwissenschaft.* Berlin: Erich Schmidt.

Hatch, M.J. (1993). The dynamics of organizational culture, in: *Academy of Management review,* 18, S. 657-693.

Hatch, M.J. (1997). *Organization Theory. Modern, Symbolic, and Postmodern Perspectives.* Oxford; New York: Oxford University Press Inc..

Heckhausen, H. (2003). *Motivation und Handeln*. (Nachdruck der 2.Aufl.). Berlin; Heidelberg; New York: Springer.

Heinen, E. (1997). Unternehmenskultur als Gegenstand der Betriebswirtschaftslehre. In Heinen, E./ Fank, M. *Unternehmenskultur. Perspektiven für Wissenschaft und Praxis*. (S.1-48). München: Oldenbourg.

Herzberg, F. (1966*). Work and the Nature of Man*. Cleveland: World Publisher

Hinterhuber, H./ Winter, L. (1991). Unternehmenskultur und Corporate Identity. In E. Dülfer (Hrsg.). *Organisationskultur: Phänomen – Philosophie – Technologie* (S. 189-200). Stuttgart: Poeschel.

Hofstede, G. (1991). *Interkulturelle Zusammenarbeit: Kulturen – Organisationen – Management*. Wiesbaden: Gabler Verlag.

Inglehart, R. (1989). Kultureller Umbruch: Wertewandel in der westlichen Welt. Frankfurt/M.: Campus.

Jaques, E. (1951). *The changing culture of a factory*. London: Tavistock.

Kasper, H. (1995). Kontrolle und Führung. In A. Kieser/ G. Reber/ R. Wunderer (Hrsg.). *Handwörterbuch der Führung*. (2.Aufl.). (Sp.1358-1369). Stuttgart: Schäffer-Poeschel.

Kasper, H. (2004). Komplexitätsmanagement. In G. Schreyögg/ A. v. Werder (Hrsg.). *Handwörterbuch Unternehmensführung und Organisation*. (4.Aufl.). (Sp.618-628). Stuttgart: Schäffer-Poeschel.

Kaufmann, J./ Borman, W. (2003). Leistungsverhalten in Organisationen: Aufgabenbezogenes Verhalten und Citizenship Performance. In S. Koch/ J. Kaschube/ R. Fisch (Hrsg.). *Eigenverantwortung für Organisationen*. (S.33-46). Göttingen: Hogrefe.

Katz, D./ Kahn, R.L. (1978). *The Social Psychology of Organizations*. New York: Wiley.

Kerr, S./ Mathews, C. (1995). Führungstheorien – Theorie der Führungsattribution. In A. Kieser/ G. Reber/ R. Wunderer (Hrsg.). *Handwörterbuch der Führung*. (2.Aufl.). (Sp.1021-1034). Stuttgart: Schäffer-Poeschel.

Kieser, A. (1991). Von der Morgensprache zum "Gemeinsamen HP-Frühstück". In E. Dülfer (Hrsg.). *Organisationskultur: Phänomen – Philosophie – Technologie* (S.253-271). Stuttgart: Poeschel.

Klimecki, R./ Probst, G. (1990). Entstehung und Entwicklung der Unternehmungskultur. In C. Lattmann (Hrsg.). *Die Unternehmenskultur. Ihre Grundlagen und ihre Bedeutung für die Führung der Unternehmung*. (S.41-65). Heidelberg: Physica-Verlag.

Klages, H. (1984). *Werteorientierungen im Wandel. Rückblick, Gegenwartsanalyse, Prognosen*. Frankfurt /M.: Campus.

Kluckhohn, F./ Strodtbeck, F.L. (1961). *Variations in value orientations*. Evanston.

Kräkel, M. (2004). Prinzipal-Agenten-Ansatz. In G. Schreyögg/ A. v. Werder (Hrsg.). *Handwörterbuch Unternehmensführung und Organisation.* (4.Aufl.). (Sp.1174-1181). Stuttgart: Schäffer-Poeschel.

Krulis-Randa, J. (1990). Einführung in die Unternehmenskultur. In C. Lattmann (Hrsg.). *Die Unternehmenskultur. Ihre Grundlagen und ihre Bedeutung für die Führung der Unternehmung.* (S.1-20). Heidelberg: Physica-Verlag.

Kuhl, J. (2001). *Motivation und Persönlichkeit. Interaktionen psychischer Systeme.* Göttingen: Hogrefe.

Kuhl, J. (1987). Motivation und Handlungskontrolle: Ohne guten Willen geht es nicht. In H. Heckhausen, P.M. Gollwitzer & F.E. Weinert (Hrsg.), *Jenseits des Rubikon. Der Wille in den Humanwissenschaften* (S.101-120). Berlin: Springer.

Lamnek, S. (1995a). *Qualitative Sozialforschung. Band 1. Methodologie.* (3.Aufl.). Weinheim: Psychologische Verlags Union.

Lamnek, S. (1995b). *Qualitative Sozialforschung. Band 2. Methoden und Techniken.* (3.Aufl.). Weinheim: Psychologische Verlags Union.

Lawrence, P.R./ Lorsch, J. (1967). Organization and Environment. Cambridge (Mass.).

Lowe, K., et al. (1996). Effectiveness correlate of transformational and transactional leadership: A meta analytic review of the MLQ literatur. *Leadership Quaterly, 7,* 265-284.

Luhmann, N. (1984). *Soziale Systeme.* Frankfurt/M.: Suhrkamp.

Mader, N./ Staehle, W. (1991). Arbeitskultur in der ehemaligen DDR: Ein Pendant zur Unternehmenskultur? In E. Dülfer (Hrsg.). *Organisationskultur: Phänomen – Philosophie – Technologie* (S.129-145). Stuttgart: Poeschel.

Malik, F. (1990). Die Unternehmungskultur als Problem von Managementlehre und Managementpraxis. In C. Lattmann (Hrsg.). *Die Unternehmenskultur. Ihre Grundlagen und ihre Bedeutung für die Führung der Unternehmung.* (S.21-39). Heidelberg: Physica-Verlag.

Marré, R. (1997). *Die Bedeutung der Unternehmenskultur für die Personalentwicklung.* Frankfurt/M.: Peter Lang.

Maturana, U. (1997). *Was ist Erkennen?* (2.Aufl.). München: Piper Verlag.

Mayrhofer, W./ Meyer, M. (2004). Organisationskultur. In G. Schreyögg/ A. v. Werder (Hrsg.). *Handwörterbuch Unternehmensführung und Organisation.* (4.Aufl.). (Sp.1025-1033). Stuttgart: Schäffer-Poeschel.

Mayring, P. (1995). Qualitative Inhaltsanalyse. In Flick, U. et al. (Hrsg.). *Handbuch Qualitative Sozialforschung. Grundlagen, Konzepte, Methoden und Anwendungen.* (S. 209 – 218). Weinheim: Psychologische Verlags Union.

Meindl, J./ Ehrlich, S. (1987). *The romance of leadership and the evalation of organizational performance.* Acadamy of Management Journal, 30, 91-109.

Meyer, W., Försterling, F. (2001). Die Attributionstheorie. In Frey, D., Irle, M. (Hrsg.). *Theorien der Sozialpsychologie. Band 1. Kognitive Theorien.* (2.Nachdruck 2001 der 2.Aufl.). (S. 175 – 214). Bern; Göttingen; Toronto; Seattle: Huber.

Mitchell, T. (1995). Führungstheorien – Attributionstheorie. In A. Kieser/ G. Reber/ R. Wunderer (Hrsg.). *Handwörterbuch der Führung.* (2.Aufl.). (Sp.847-861). Stuttgart: Schäffer-Poeschel.

Mummendey, H. (2004). Impression-Management und Unternehmensdramaturgie. In G. Schreyögg/ A. v. Werder (Hrsg.). *Handwörterbuch Unternehmensführung und Organisation.* (4.Aufl.). (Sp.449-457). Stuttgart: Schäffer-Poeschel.

Müsseler, J., Prinz, W. (Hrsg.) (2002). *Allgemeine Psychologie.* Heidelberg; Berlin: Spektrum Akademischer Verlag (Lizenzausgabe für die Wissenschaftliche Buchgesellschaft.

Nerdinger, F. (2003). *Grundlagen des Verhaltens in Organisationen.* Stuttgart: Kohlhammer.

Nerdinger, F. (2003). *Kundenorientierung.* Göttingen, Bern, Toronto, Seattle: Hogrefe.

Neubauer, W. (2003). *Organisationskultur.* Stuttgart: Kohlhammer.

Neuberger, O., Kompa, A. (1987). *Wir, die Firma. Der Kult um die Unternehmenskultur.* Weinheim; Basel: Beltz.

Neuberger, O. (1988). *Was ist denn da so komisch? Thema: Der Witz in der Firma.* Weinheim; Basel: Beltz.

Neuberger, O. (1995). *Führen und geführt werden.* (5.Aufl.). Stuttgart: Enke.

Neuberger, O. (1995). *Mikropolitik. Der alltägliche Aufbau und Einsatz von Macht in Organisationen.* Stuttgart: Enke.

Neuberger, O. (1999). *Mobbing. Übel mitspielen in Organisationen.* (3.Aufl.). München und Mering: Rainer Hampp Verlag.

Ochsenbauer, C./ Klofat, B. (1997). Überlegungen zur paradigmatischen Dimension der Unternehmenskulturdiskussion in der Betriebswirtschaftslehre. In Heinen, E./ Fank, M. *Unternehmenskultur. Perspektiven für Wissenschaft und Praxis.* (S.67-106). München: Oldenbourg.

Osterloh, M. (1991). Methodische Probleme einer empirischen Erforschung von Organisationskulturen. In E. Dülfer (Hrsg.). *Organisationskultur: Phänomen – Philosophie – Technologie* (S.173-185). Stuttgart: Poeschel.

Ouchi, W. (1981). *Theory Z. How American Business Can Meet The Japanese Challenge.* Reading, Massachusetts: Addison-Wesley Publishing Company.

Pascale, R., Athos, A. (1981). *The Art Of Japanese Management. Applications For American Executives.* New York: Simon and Schuster.

Pascale, R., Athos, A. (1982). *Geheimnis und Kunst des japanischen Managements.* München: Heyne Verlag.

Payne, R./ Pugh, D. S. (1976). Organizational structure and climate. In M. D. Dunnette (Hrsg.), *Handbook of industrial and organizational psychology (S.1125-1173)*. Chicago: Rand McNally.

Peters, T. J., Waterman, R. H. (2000). *Auf der Suche nach Spitzenleistungen. Was man von den bestgeführten US-Unternehmen lernen kann*. (8.Aufl.). Landsberg am Lech: mvg-verl.

Picot, A./ Neuburger, R. (1995). Agency Theorie und Führung. In A. Kieser/ G. Reber/ R. Wunderer (Hrsg.). *Handwörterbuch der Führung*. (2.Aufl.). (Sp.14-21). Stuttgart: Schäffer-Poeschel.

Popper, K. (1992). *Die offene Gesellschaft und ihre Feinde. Band 1 und 2*. (7.Aufl.). München: R. Piper Verlag.

Probst, G./ Naujoks, H. (1995). Führungstheorien – Evolutionstheorien der Führung. In A. Kieser/ G. Reber/ R. Wunderer (Hrsg.). *Handwörterbuch der Führung*. (2.Aufl.). (Sp.915-926). Stuttgart: Schäffer-Poeschel.

Prott, J. (2004). *Unternehmenskultur und Personalführung im betrieblichen Alltag. Begriffliche Zusammenhänge und empirische Erkenntnisse*. München und Mering: Rainer Hampp Verlag.

Pundt, A./ Schyns, B. (2005). Führung im Ideenmanagement. Der Zusammenhang zwischen transformationaler Führung und dem individuellen Engagement im Ideenmanagement. *Zeitschrift für Personalpsychologie. 4 (2)*, 55-64.

Rice, B. (1982). *Legenden sterben langsam. Die Geschichte des Hawthorne-Effekts*. Psychologie heute, November-Heft, 50-55.

Rook, M., Irle, M., Frey, D. (2001). Wissenschaftstheoretische Grundlagen sozialpsychologischer Theorien. In Frey, D., Irle, M. (Hrsg.). *Theorien der Sozialpsychologie. Band 1. Kognitive Theorien*. (2.Nachdruck 2001 der 2.Aufl.). (S. 13 – 48). Bern; Göttingen; Toronto; Seattle: Huber.

Rüttinger, R. (1986). *Unternehmenskultur. Erfolge durch Vision und Wandel*. Düsseldorf, Wien: ECON Verlag.

Sackmann, S. (1990). Möglichkeiten der Gestaltung von Unternehmenskultur. In C. Lattmann (Hrsg.). *Die Unternehmenskultur. Ihre Grundlagen und ihre Bedeutung für die Führung der Unternehmung*. (S.153-188). Heidelberg: Physica-Verlag.

Sackmann, S. (1991). *Cultural Knowledge In Organisations. Exploring the Collective Mind*. Newbury Park; London; New Delhi: Sage Publications.

Sackmann, S. (2004). *Erfolgsfaktor Unternehmenskultur. Mit kulturbewusstem Management Unternehmensziele erreichen und Identifikation schaffen – 6 Best practice-Beispiele*. Wiesbaden: Betriebswirtschaftlicher Verlag Dr. th. Gabler/GWV Fachverlage.

Schauenberg, B./ Föhr, S. (1995). Wissenschaftstheoretische Grundfragen der Führungsforschung – Phänomenologie und Konstruktivismus. In A. Kieser/ G. Reber/

R. Wunderer (Hrsg.). *Handwörterbuch der Führung.* (2.Aufl.). (Sp.2206-2214). Stuttgart: Schäffer-Poeschel.

Schein, E. (1985). *Organizational Culture and Leadership: A Dynamic view.* San Francisco, Oxford.

Schein, E. (1995). *Unternehmenskultur: ein Handbuch für Führungskräfte.* Frankfurt/M.; New York: Campus Verlag.

Schein, E. (2003). *Organisationskultur. The Ed Schein Corporate Culture Survival Guide.* Bergisch Gladbach: Edition Humanistische Psychologie.

Schilling, J. (2005). Inhalte von Führungsgrundsätzen unter der Lupe – Ergebnisse und Perspektiven. *Zeitschrift für Personalpsychologie, 4 (3),* 123-131.

Schmitt, S. (2005). *Unternehmenskultur. Die Grundlage für den wirtschaftlichen Erfolg von Unternehmen.* Weilerswist: Velbrück Wissenschaft.

Schneider, B./ Hall, D. (1972). *Toward specifying the concept of work climate.* In Journal of Applied Psychology, 56/1972, S.447-456.

Schneider, K./ Schmalt, H.-D. (2000). *Motivation.* (3.Aufl.). Stuttgart: Kohlhammer.

Scholz, C. (1997). *Strategische Organisation: Prinzipien zur Vitalisierung und Virtualisierung.* Landsberg/Lech: verlag moderne industrie.

Schreyögg, G. (1991). Kann und darf man Unternehmenskulturen ändern? In E. Dülfer (Hrsg.). *Organisationskultur: Phänomen – Philosophie – Technologie* (S.201-214). Stuttgart: Poeschel.

Schreyögg, G. (1999). Vorwort. In G. Schreyögg/ J. Sydow (Hrsg.). *Führung neu gesehen. Managementforschung 9.* (S. V). Berlin: De Gruyter.

Schreyögg, G. (2004). Organisationstheorie. In G. Schreyögg/ A. v. Werder (Hrsg.). *Handwörterbuch Unternehmensführung und Organisation.* (4.Aufl.). (Sp.1069-1088). Stuttgart: Schäffer-Poeschel.

Schuler, H. (2004). *Lehrbuch Organisationspsychologie.* (3.Aufl.). Bern: Verlag Hans Huber.

Seiffert, H. (1996). *Einführung in die Wissenschaftstheorie. Bd.2. Geisteswissenschaftliche Methoden: Phänomenologie – Hermeneutik und historische Methode – Dialektik.* (10.Aufl.). München: Beck.

Semmer, N./ Udris, I. (2004). Bedeutung und Wirklichkeit. In Schuler, H. *Lehrbuch Organisationspsychologie.* (S.157-195). Bern: Hans Huber.

Smircich, L. (1983). Concepts of Culture and Organizational Analysis. *ASQ, Vol. 28,* p. 339.

Sourisseaux, A. (1994). *Organisationskultur: zur facettentheoretischen Konzeptualisierung eines organisationspsychologischen Konstruktes.* Frankfurt/M.: Peter Lang.

Spieß, E. (1999). *Verhalten in Organisationen. Eine Einführung.* Stuttgart; Berlin; Köln: Kohlhammer.

Sprenger, R. (1999). *Mythos Motivation. Wege aus einer Sackgasse.* (16.Aufl.). Frankfurt/M.; New York: Campus Verlag.

Staehle, W. (1999). *Management: eine verhaltenswissenschaftliche Perspektive.* (8.Aufl.). München: Verlag Vahlen.

Steinmann, H., Schreyögg, G. (2005). *Management. Grundlagen der Unternehmensführung. Konzepte – Funktionen – Fallstudien.* (6.Aufl.). Wiesbaden: GWV Fachverlage.

Stempfle, J./ Badke-Schaub, P. (2005). Führungshandeln im Alltag: Ein Modell zur Analyse von Führungsprozessen. *Zeitschrift für Arbeits- und Organisationspsychologie. 49 (2),* 92-101.

Steyrer, J. (1999). Charisma in Organisationen – Zum Stand der Theorienbildung und empirischen Forschung. In G. Schreyögg/ J. Sydow (Hrsg.). *Führung neu gesehen. Managementforschung 9.* (S.143-197). Berlin: De Gruyter.

Steyrer, J. (2004). Charismatische Führung. In G. Schreyögg/ A. v. Werder (Hrsg.). *Handwörterbuch Unternehmensführung und Organisation.* (4.Aufl.). (Sp.131-137). Stuttgart: Schäffer-Poeschel.

Tajfel, H. (1978). *Differentiation between social groups.* London:Academic Press

Tiebler P./ Prätorius, G. (1993). Ökonomische Literatur zum Thema "Unternehmenskultur". In M. Dierkes, L. v. Rosenstiel, U. Steger (Hrsg.). *Unternehmenskultur in Theorie und Praxis. Konzepte aus Ökonomie, Psychologie und Ethnologie.* (S.23-89). Frankfurt: Campus.

Türk, K. (1995). Entpersonalisierte Führung. In A. Kieser/ G. Reber/ R. Wunderer (Hrsg.). *Handwörterbuch der Führung.* (2.Aufl.). (Sp.328-340). Stuttgart: Schäffer-Poeschel.

Türk, K. (2000). Loyalität. In W. Sarges. *Managementdiagnostik.* (S.324-329). Göttingen: Hogrefe.

Ulich, E. (1997). Historische Positionen. In S. Greif/ H. Holling/ N. Nicholson. *Arbeits-und Organisationspsychologie.* (S.19-32). Weinheim: Psychologische Verlags Union.

Ulich, E. (1998). *Arbeitspsychologie.* (4.Aufl.). Zürich, Stuttgart: Schäffer-Poeschel und vdf Hochschulverl. AG an der ETH Zürich.

Ulrich, P. (1990). "Symbolisches Management". Ethisch-kritische Anmerkungen zur gegenwärtigen Diskussion über Unternehmenskultur. In C. Lattmann (Hrsg.). *Die Unternehmenskultur. Ihre Grundlagen und ihre Bedeutung für die Führung der Unternehmung.* (S.277-302). Heidelberg: Physica-Verlag.

Ulrich, P. (1995). Führungsethik. In A. Kieser/ G. Reber/ R. Wunderer (Hrsg.). *Handwörterbuch der Führung.* (2.Aufl.). (Sp.562-573). Stuttgart: Schäffer-Poeschel.

Underhill, R.S. (1986). Values I seek in my organization. In A.C.Beck/E.D. Hillmar (Eds.). *Positive Management Practices.* (pp. 281-301). San Francisco.

v. Dick, R. (2004). *Commitment und Identifikation mit Organisationen.* Göttingen; Bern; Toronto; Seattle: Hogrefe.

v.Kardorff, E. (1995). Qualitative Sozialforschung – Versuch einer Standortbestimmung. In Flick, U. et al. (Hrsg.), *Handbuch Qualitative Sozialforschung. Grundlagen, Konzepte, Methoden und Anwendungen.* (S. 3 - 8). Weinheim: Psychologische Verlags Union.

Vroom, V.H. (1964). Work and motivation. New York: Wiley.

v. Rosenstiel, L. (1983). *Betriebsklima heute. Studie im Auftrag des Bayerischen Staatsministeriums für Arbeit und Sozialordnung.* (2.Aufl.). Ludwigshafen (Rhein): Friedrich Kiehl Verlag.

v. Rosenstiel, L., et al. (1993). *Wertewandel. Herausforderung für die Unternehmenspolitik in den 90er Jahren.* (2.Aufl.). Stuttgart: Schäffer-Poeschel.

v. Rosenstiel, L. (1997). Organisationsklima. In Greif, S./ Holling, H./ Nicholson, N. *Arbeits-und Organisationspsychologie. Internationales Handbuch in Schlüsselbegriffen* (3.Aufl.). (S.357-364). Weinheim: Psychologische Verlags Union.

v. Rosenstiel L. (2000). *Grundlagen der Organisationspsychologie.* (4.Aufl.). Stuttgart: Schäffer-Poeschel Verlag.

v. Rosenstiel, L., Comelli, G. (2003). *Führung zwischen Stabilität und Wandel.* München: Verlag Vahlen.

v. Rosenstiel, L./ Wegge, J. (2004). Führung. In H. Schuler (Hrsg.). *Enzyklopädie der Psychologie, Themenbereich D, Serie III, Band 4: Organisationspsychologie – Gruppe und Organisation.* (S.494-558). Göttingen: Hogrefe.

Waldman, D. A., et al. (2001). Does leadership matter? *Academy of Management Journal,* 44 (1), 134-143.

Weber, H. (2005). Konstruktivistische Ansätze. In H. Weber/ T. Rammsayer (Hrsg.). *Handbuch der Persönlichkeitspsychologie und Differentiellen Psychologie.* (S.127-136). Göttingen: Hogrefe.

Weibler, J. (1995). Symbolische Führung. In A. Kieser/ G. Reber/ R. Wunderer (Hrsg.). *Handwörterbuch der Führung.* (2.Aufl.). (Sp.2015-2026). Stuttgart: Schäffer-Poeschel

Weibler, J. (2004). Führung und Führungstheorien. In G. Schreyögg/ A. v. Werder (Hrsg.). *Handwörterbuch Unternehmensführung und Organisation.* (4.Aufl.). (Sp.294-308). Stuttgart: Schäffer-Poeschel.

Weick, K. (1995). *Der Prozeß des Organisierens.* Frankfurt/M.: Suhrkamp.

Westerlund, G., Sjöstrand, S.-E. (1981). *Organisationsmythen.* Stuttgart: Klett-Cotta.

Wieland, J. (Hrsg.) (2004). *Handbuch Wertemanagement.* Hamburg: Murmann Verlag.

Wiendieck, G. (1994). *Arbeits- und Organisationspsychologie.* München: Quintessenz.

Wollnik, M. (1991). Das Verhältnis von Organisationsstruktur und Organisationskultur. In E. Dülfer (Hrsg.). *Organisationskultur: Phänomen – Philosophie – Technologie* (S.65-92). Stuttgart: Poeschel.

Wunderer, R. (1995). Delegative Führung. In A. Kieser/ G. Reber/ R. Wunderer (Hrsg.). *Handwörterbuch der Führung.* (2.Aufl.). (Sp. 227-240). Stuttgart: Schäffer-Poeschel.

Wunderer, R. (1995). Kooperative Führung. In A. Kieser/ G. Reber/ R. Wunderer (Hrsg.). *Handwörterbuch der Führung.* (2.Aufl.). (Sp.1369-1386). Stuttgart: Schäffer-Poeschel.

Zalesny, M., Graen, G. (1995). Führungstheorien – Austauschtheorie. In A. Kieser/ G. Reber/ R. Wunderer (Hrsg.). *Handwörterbuch der Führung.* (2.Aufl.). (Sp.862-877). Stuttgart: Schäffer-Poeschel.

**Anhang A**

Schein's Three Levels of Culture

(Schein, 1985, p.14)

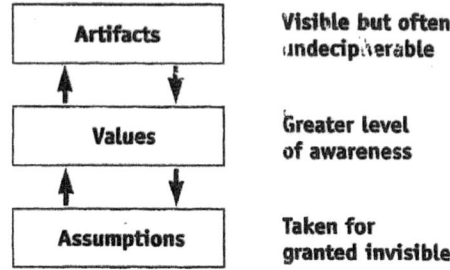

Artifacts — Visible but often undecipherable

Values — Greater level of awareness

Assumptions — Taken for granted invisible

**Anhang B**

The Cultural Dynamics Model Showing Culture As Process
(Hatch, M.J., 1993, p. 657-63)

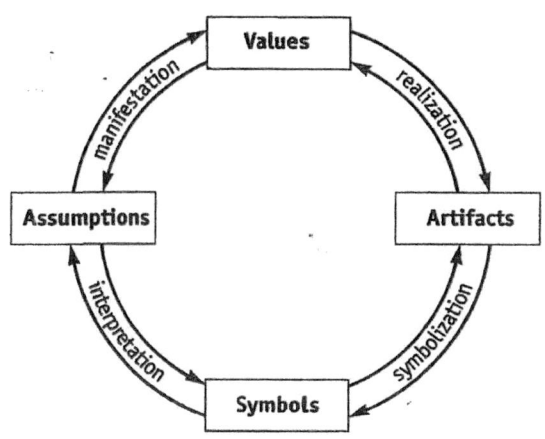

**Anhang C**

Das Konzept integrierten Managements: Der Zusammenhang von normativem, strategischem und operativem Management (Bleicher, 2004, S. 83).

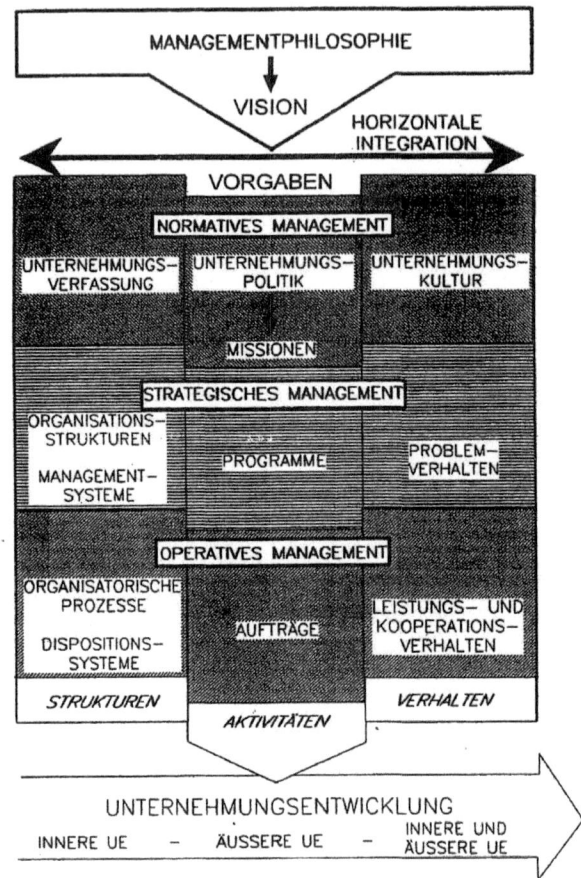

# Anhang D

Arbeitswerte und ihre Struktupel

(Elizur, 1984, S.384)

| Item | Struktupel |
|---|---|
| Pay (the amount of money you receive) | a1b1 |
| Job security (permanent job) | a1b2 |
| Benefits and social conditions (vacation, sick leave, pension) | a1b2 |
| Convienient hours of work | a1b2 |
| Work conditions (comfortable and clean, absence of noise, heat, cold, odors, etc.) | a1b2 |
| Recognition of doing a good job | a2b1 |
| Esteem - that you are valued as a person | a2b2 |
| Co-workers (fellow workers who are pleasant and agreeable) | a2b2 |
| Supervisor (a fair and considerate boss) | a2b2 |
| Advancement (chances for promotion) | a3b1 |
| Job status | a3b1 |
| Responsibility | a3b2 |
| Influence in the organization | a3b2 |
| Achievment in work | a3b2 |
| Influence in work | a3b2 |
| To do complete and meaningful work | a3b2 |
| Company (to be employed by a company for which you are proud to work) | a3b2 |
| Use of ability and knowledge in your work | a3b2 |
| Job interest (to do work which is interesting and well liked by you) | a3b2 |
| Independence in work | a3b2 |
| Contribution to society | a3b2 |

**Anhang E**

Die Integration des Organisationsklimas in das Drei-Ebenen-Modell von Schein
(Gontard, 2002, S.66)

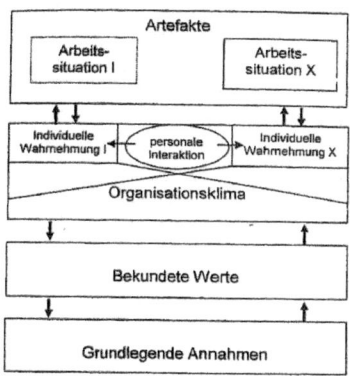

# Anhang F

Items des verwendeten Wertefragebogens

(Gontard, 2002, S.91)

| | Item | Struktupel |
|---|---|---|
| 1 | Daß wir gegenüber Kollegen unsere Meinung offen und kritisch ausrücken können, halte ich für... | a2b2 |
| 2 | Daß leistungsstärkere Mitarbeiter in unserem Unternehmen bessere Karrieremöglichkeiten haben als leistungsschwächere, halte ich für... | a3b1 |
| 3 | Daß wir leistungsschwächeren Kollegen bei deren Arbeit helfen, halte ich für... | a2b3 |
| 4 | Daß unter uns Kollegen das Vertrauen so groß ist, daß wir auch über ganz persönliche Dinge reden können, halte ich für... | a2b3 |
| 5 | Daß wir uns gegenseitig unterstützen, halte ich für... | a2b2 |
| 6 | Daß wir von unseren Vorgesetzten Anerkennung für unsere Arbeit erhalten, halte ich für... | a2b1 |
| 7 | Daß uns die Vorgesetzten bei der Lösung der meisten Probleme beteiligen, halte ich für... | a3b2 |
| 8 | Daß wir gegenüber unseren Vorgesetzten unsere Meinung offen und kritisch äußern können, halte ich für... | a3b2 |
| 9 | Daß sich unsere Vorgesetzten um die Zusammenarbeit unter uns Kollegen kümmern, halte ich für... | a1b3 |
| 10 | Daß sich bei uns jeder selbst um die Durchsetzung seiner eigenen Interessen kümmert, halte ich für... | a1b1 |
| 11 | Daß wir bei unserer Arbeit Mitsprachemöglichkeiten haben, halte ich für... | a3b2 |
| 12 | Daß die uns gesteckten Ziele und Aufgaben eine Herausforderung für uns darstellen, halte ich für... | a3b2 |
| 13 | Daß unsere Arbeit mit wenig Routine und viel Abwechslung verbunden ist, halte ich für... | a3b2 |
| 14 | Daß wir Mitarbeiter von uns aus motiviert an die Arbeit gehen, halte ich für... | a3b1 |
| 15 | Daß wir eine verantwortungsvolle Arbeit ausüben können, halte ich für... | a3b1 |
| 16 | Daß wir einen fest abgegrenzten Arbeitsplatz mit klarer Einteilung des Aufgabengebietes haben, halte ich für... | a1b3 |
| 17 | Daß in unserer Arbeit viel der eigeninitiative überlassen bleibt, halte ich für... | a3b2 |
| 18 | Daß sich die Mitarbeiter anderer Bereiche und Arbeitsgruppen über unsere Tätigkeiten informieren können, halte ich für... | a3b3 |
| 19 | Daß wir gute Arbeitsbedingungen bei uns im Betrieb haben, halte ich für... | a1b2 |
| 20 | Daß man bei uns die Aufgaben entsprechend den Leistungsmöglichkeiten der Mitarbeiter verteilt, halte ich für... | a1b2 |
| 21 | Daß wir mit den anderen Bereichen und Arbeitsgruppen eng zusammenarbeiten, halte ich für... | a3b2 |
| 22 | Daß wir über Dinge wie Auftragslage oder Verschlechterung der Wettbewerbssituation informiert werden, halte ich für... | a1b2 |
| 23 | Daß wir bei der Einführung neuer Einrichtungen und Ausstattungen Mitsprachemöglichkeiten haben, halte ich für... | a3b2 |
| 24 | Daß sich der Betriebsrat für die Interessen von uns Mitarbeitern einsetzt, halte ich für... | a1b3 |
| 25 | Daß wir einen sicheren Arbeitsplatz haben, halte ich für... | a1b3 |
| 26 | Daß wir durch Weiterbildung unsere Fähigkeiten verbessern bzw. neue erlernen können, halte ich für... | a3b1 |
| 27 | Daß wir die Möglichkeit haben im Unternehmen aufzusteigen, halte ich für... | a3b1 |
| 28 | Daß unser Betrieb gute Sozialleistungen anbietet, halte ich für... | a1b3 |

## Anhang G

Das modifizierte Kategorienschema von Gontard auf der Basis von Schein
(Gontard, 2002, S.109)

| Wesen des Menschen | Wesen menschlichen Handelns | Wesen menschlicher Beziehungen | Umgang mit Veränderungen |
|---|---|---|---|
| Persönlichkeitstheorie<br>Welche impliziten Persönlichkeits-merkmale liegen den Organisations-mitgliedern zugrunde?<br>• Theorie X<br>• Theorie Y | Belohnungs- und Sanktionssystem<br>Was definiert man in der Organisation als "gute" Handlung und was als "schlechte"? | Mitarbeiterverhältnis<br>Wie ist die gegenseitige Wertschätzung unter den Mitarbeitern ausgeprägt?<br><br>Was fassen die Mitarbeiter als die "richtige" Art auf, miteinander zu kommunizieren | Veränderungs-bereitschaft<br>Mit welcher Grundhaltung steht man den verschiedenen Veränderungen in der Organisation gegenüber? |
| Motivationstheorie<br>Durch was werden die Organisationsmitglieder bei ihrer Arbeit motiviert?<br>• economic man<br>• social man<br>• self actualizing man<br>• complex man | Ausrichtung des Handlens<br>Was zeichnet die Handlungen der Organisationsmitglieder aus?<br>• Handlungs-<br>• Entwicklungs-<br>• Seins-Orientierung | Gruppenbildung<br>Nach welchen Kriterien erfolgt die Aufnahme in eine Gruppe?<br>Wann erfolgt der Ausschluss?<br><br>Was definiert man als kleinste Grundgesamtheit? | Veränderungs-potential<br>Von welchen Kriterien hängt die Veränderungs-bereitschaft der Organisations-mitglieder ab? |
|  | Handlungsspielraum<br>Was wird als angemessener Entscheidungsspielraum angesehen?<br><br>Was wird als angemessener Tätigkeitsspielraum angesehen?<br><br>Auf welcher Grundlage legt man diese Spielräume fest? | Mitarbeiterorientierung<br>Wie ist die Wertschätzung zwischen den Führungskräften und den Mitarbeitern ausgeprägt?<br><br>Was wird zwischen den Hierarchieebenen als die "richtige" Art zu kommunizieren aufgefasst? |  |
|  | Partizipationsorientierung<br>Wann und auf welcher Grundlage beziehen die direkten Führungskräfte ihre Mitarbeiter in ihre Handlungen mit ein?<br><br>Wann und auf welcher Grundlage bezieht die Unternehmensführung Mitarbeiter in ihre Handlungen mit ein? | Verhältnis Mitarbeiter-Interessenvertretung<br>Welche Rolle nimmt die Interessenvertretung für die Mitarbeiter ein? |  |

**Anhang H**

Associate-Opinion-Survey

Marriott International (2005)

# Mitarbeiterumfrage 2004

## Willkommen zur Mitarbeiterumfrage!

Das Ziel dieser Umfrage ist es, weiterhin sicherzustellen, daß Sie mit den Arbeitsbedingungen bei Marriott zufrieden sind. Um ein besseres Verstädnis Ihrer Einstellungen und Eindrücke in Bezug auf Marriott zu gewinnen, geben wir Ihnen die Möglichkeit, sich in dieser Mitarbeiterumfrage zu äußern.

Ihre Meinung ist uns sehr wichtig, da SIE einen individuellen Einblick in alle Geschäftsvorgänge unseres Unternehmens besitzen. Ihre Meinung zu unseren Stärken und Schwächen sind unerläßlich, um aus Marriott einen guten Arbeitsplatz für unsere Mitarbeiter und einen guten Aufenthaltsort für unsere Gäste zu schaffen.

## Vertraulichkeitserklärung

Wir haben uns schon immer um unsere Mitarbeiter gesorgt, was natürlich auch Ihre Privatsphäre betrifft. Das Ziel dieser Umfrage ist es, ein besseres Verstädnis Ihrer Zufriedenheit im Unternehmen zu gewinnen. Die vertrauliche Behandlung der Antworten jedes einzelnen Mitarbeiters ist dadurch gesichert, daß die ausgefüllten Antwortblätter direkt an die Hay Group (ein externes Umfrageunternehmen) in den USA zur Datenauswertung geschickt werden. Sie sind nicht verpflichtet, persönliche Informationen wie Ihre Nationalität oder Geschlecht preiszugeben. Diese Informationen könnten jedoch behilflich sein, mögliche Probleme in bestimmten Mitarbeitergruppen zu lösen. Wenn Sie nun Ihre persönlichen Daten an uns weitergeben sollten, können Sie sicher sein, daß diese nur für Klassifizierungs- bzw. Auswertungszwecke benutzt werden. Die Umfrageergebnisse werden nur als Gruppenberichte vorgelegt. Hay Group wird die Vertraulichkeit Ihrer Antworten strikt bewaren. Niemand bei Marriott wird wissen, wie Sie als Einzelperson auf die Fragen geantwortet haben. Sollten Sie zusätzliche Fragen bezüglich der Vertraulichkeit Ihrer Antworten haben, bitte kontaktieren Sie uns unter privacy@marriott.com.

Um die Umfrage online auszufüllen, geben Sie bitte die folgende Adresse in Ihren Internet-Browser ein: https://extranet.marriott.com/aos/run/marriott2004AOS. Wenn Sie aufgefordert werden, geben sie Ihren sechsstelligen Zugriffscode rechts auf der Umfrageseite ein.

**393542**

## Anleitung

1. Bitte lesen Sie jede Frage sorgfältig durch. Es gibt keine richtigen oder falschen Antworten. Die beste Antwort ist Ihre ehrliche Meinung. Markieren Sie jeweils **eine** Antwort zur Frage, die am besten Ihrer Meinung entspricht.
2. Wenn Sie einige Fragen aufgrund von unbekannten Ausdrücken nicht vollständig verstehen, benutzen Sie die Liste der Definitionen, die von Ihrem Personalleiter erstellt wurde.
3. Das Ausfüllen der Umfrage wird ca. **30 Minuten** Ihrer Zeit in Anspruch nehmen.

## Vorgaben zum Ausfüllen

Wenn Sie die Umfrage ausfüllen, beachten Sie bitte folgendes:
- Benutzen Sie einen Bleistift.
- Markieren Sie den Antwortkreis deutlich.
- Markieren Sie nichts anderes auf den Umfrageblättern.
- Falten bzw. zerreissen Sie die Umfrage nicht.
- Wählen Sie nur eine Antwort pro Frage.
- Wenn Sie eine Antwort ändern, radieren Sie alles **vollständig** aus.
- Wenn eine Antwort nicht auf Sie zutrifft oder Sie nicht wissen, wie Sie antworten sollen, markieren Sie einfach „Weiß nicht / Nicht zutreffend."

NO. 2 PENCIL ONLY

● **korrekte Markierung**     ⊙ ⊘ ⊗ ⓦ **inkorrekte Markierung**

1

MAKE NO MARKS IN THIS AREA

Bitte geben Sie Ihren sechsstelligen Abteilungscode ein, z.B. 123456. Markieren Sie dann den entsprechenden Kreis unterhalb des jeweiligen Kastens. (Benutzen Sie dazu die Abteilungsliste, die von Ihrem Personalleiter erstellt wurde).

A. **Bitte wählen Sie den Code, der Ihrer jetzigen Abteilung am ehesten entspricht** (wo Sie die meisten Stunden arbeiten)?

| $0$ | $0$ | $0$ | $0$ | $0$ | $0$ |
|---|---|---|---|---|---|
| $1$ | $1$ | $1$ | $1$ | $1$ | $1$ |
| $2$ | $2$ | $2$ | $2$ | $2$ | $2$ |
| $3$ | $3$ | $3$ | $3$ | $3$ | $3$ |
| $4$ | $4$ | $4$ | $4$ | $4$ | $4$ |
| $5$ | $5$ | $5$ | $5$ | $5$ | $5$ |
| $6$ | $6$ | $6$ | $6$ | $6$ | $6$ |
| $7$ | $7$ | $7$ | $7$ | $7$ | $7$ |
| $8$ | $8$ | $8$ | $8$ | $8$ | $8$ |
| $9$ | $9$ | $9$ | $9$ | $9$ | $9$ |

Bitte geben Sie den zweistelligen Berufscode ein, z.B. 12. Markieren Sie dann den entsprechenden Kreis unterhalb des jeweiligen Kastens. (Benutzen Sie dazu die Berufsliste, die von Ihrem Personalleiter erstellt wurde).

B. **Bitte wählen Sie den Code, der Ihrer jetzigen Berufsbezeichnung am ehesten entspricht.** *(Wählen Sie nur EINE Antwort.)*

| $0$ | $0$ |
|---|---|
| $1$ | $1$ |
| $2$ | $2$ |
| $3$ | $3$ |
| $4$ | $4$ |
| $5$ | $5$ |
| $6$ | $6$ |
| $7$ | $7$ |
| $8$ | $8$ |
| $9$ | $9$ |

Wie würden Sie Ihren Standort im Bezug auf die folgenden Kriterien bewerten? *(Wählen Sie nur EINE Antwort pro Frage.)*

Ich weiß nicht/Nicht zutreffend
Sehr schlecht
Schlecht
Durchschnittlich
Gut
Sehr gut

| | | | | | |
|---|---|---|---|---|---|
| 1. Kooperation und Teamarbeit **innerhalb** Ihrer Abteilung | $1$ | $2$ | $3$ | $4$ | $5$ $?$ |
| 2. Kooperation und Teamarbeit **zwischen** den Abteilungen | $1$ | $2$ | $3$ | $4$ | $5$ $?$ |
| 3. Beachtung von Ideen und Meinungen der Mitarbeiter | $1$ | $2$ | $3$ | $4$ | $5$ $?$ |
| 4. Qualität vom Gästeservice in diesem Betrieb | $1$ | $2$ | $3$ | $4$ | $5$ $?$ |
| 5. Qualität des Gästeservice unabhängig von Rassenunterschieden, Geschlecht oder Herkunft | $1$ | $2$ | $3$ | $4$ | $5$ $?$ |

Inwiefern stimmen Sie mit den folgenden Aussagen überein? *(Wählen Sie nur EINE Antwort pro Frage.)*

Ich weiß nicht/Nicht zutreffend
Stimme überhaupt nicht zu
Stimme nicht zu
Stimme weder zu noch nicht zu
Stimme zu
Stimme vollkommen zu

| | | | | | |
|---|---|---|---|---|---|
| 6. Meine Mitarbeiter bemühen sich sehr, unseren Betrieb erfolgreich zu machen (z.B. sind hilfsbereit, machen Vorschläge zur Serviceverbesserung; machen ggf. Überstunden, etc.) | $1$ | $2$ | $3$ | $4$ | $5$ $?$ |
| 7. Meine Mitarbeiter bemühen sich aus eigener Initiative, ihre Fähigkeiten zu verbessern, um ihre Arbeit noch besser zu erledigen | $1$ | $2$ | $3$ | $4$ | $5$ $?$ |
| 8. Dieser Betrieb **stellt** kompetente Mitarbeiter ein | $1$ | $2$ | $3$ | $4$ | $5$ $?$ |
| 9. Dieser Betrieb **behält** kompetente Mitarbeiter | $1$ | $2$ | $3$ | $4$ | $5$ $?$ |
| 10. Meine Mitarbeiter sind auch meine Freunde | $1$ | $2$ | $3$ | $4$ | $5$ $?$ |
| 11. Das Management weiß, die Unterschiede zwischen den Mitarbeitern zu schätzen (z.B. Rassenunterschiede, Geschlecht, Herkunft) | $1$ | $2$ | $3$ | $4$ | $5$ $?$ |

Inwiefern stimmen Sie mit den folgenden Aussagen überein? *(Wählen Sie nur EINE Antwort pro Frage.)*

Ich weiß nicht/Nicht zutreffend
Stimme überhaupt nicht zu
Stimme nicht zu
Stimme weder zu noch nicht zu
Stimme zu
Stimme vollkommen zu

| | | | | | |
|---|---|---|---|---|---|
| 12. Ich weiß, wie ich meine Arbeit erledigen muß, damit unsere Gäste in diesem Betrieb zufriedengestellt werden | $1$ | $2$ | $3$ | $4$ | $5$ $?$ |
| 13. Ich werde darüber informiert, wie Gäste unseren Service in diesem Betrieb bewerten | $1$ | $2$ | $3$ | $4$ | $5$ $?$ |
| 14. Ich bin befugt, selbständige Entscheidungen zu treffen, um unsere Gäste zufriedenzustellen | $1$ | $2$ | $3$ | $4$ | $5$ $?$ |
| 15. Meine Mitarbeiter behandeln unsere Gäste gut (z.B. begrüssen Gäste mit einem Lächeln, sind höflich, hilfsbereit, etc.) | $1$ | $2$ | $3$ | $4$ | $5$ $?$ |

„DIREKTER VORGESETZTER" bezieht sich auf die Person, der Sie direkt unterstellt sind bzw. der Sie die MEISTE ZEIT direkt unterstellt sind. Ihr direkter Vorgesetzter ist die Person, die Ihre Leistungsbeurteilung durchführt, die darauf achtet, daß Sie Ihre Arbeit gut erledigen und die Sie um Rat fragen.

Wie würden Sie Ihren direkten Vorgesetzten in Bezug auf die folgenden Aussagen bewerten?
*(Wählen Sie nur EINE Antwort pro Frage.)*

| | Sehr gut | Gut | Durchschnittlich | Schlecht | Sehr schlecht | Ich weiß nicht/Nicht zutreffend |
|---|---|---|---|---|---|---|
| 16. Behandelt mich mit Respekt | ① | ② | ③ | ④ | ⑤ | ? |
| 17. Ist gerecht – bevorzugt niemanden | ① | ② | ③ | ④ | ⑤ | ? |
| 18. Gibt Ihnen klares und regelmäßiges Feedback zu Ihrer Leistung, das Ihnen hilft, Ihre Arbeit noch besser zu verrichten | ① | ② | ③ | ④ | ⑤ | ? |
| 19. Weiß Ihre gute Arbeit zu schätzen | ① | ② | ③ | ④ | ⑤ | ? |
| 20. Berät Sie über Ihre Aufstiegsmöglichkeiten innerhalb des Unternehmens | ① | ② | ③ | ④ | ⑤ | ? |

Inwiefern stimmen Sie mit den folgenden Aussagen überein? *(Wählen Sie nur EINE Antwort pro Frage.)*

| | Stimme vollkommen zu | Stimme zu | Stimme weder zu noch nicht zu | Stimme nicht zu | Stimme überhaupt nicht zu | Ich weiß nicht/Nicht zutreffend |
|---|---|---|---|---|---|---|
| 21. Man stellt mir Material, Werkzeuge und Ausstattung zur Verfügung, so daß ich effektiv arbeiten kann | ① | ② | ③ | ④ | ⑤ | ? |
| 22. Ich bin immer gut informiert, so daß ich meine Arbeit gut erledigen kann | ① | ② | ③ | ④ | ⑤ | ? |
| 23. Ich wurde angemessen ausgebildet, so daß ich meine täglichen Aufgaben gut erledigen kann | ① | ② | ③ | ④ | ⑤ | ? |
| 24. Ich kann meine Kenntnisse und Fähigkeiten bei der Arbeit gut einsetzen | ① | ② | ③ | ④ | ⑤ | ? |
| 25. Ich verstehe, wie meine Arbeit zu den Gesamtzielen und -aufgaben an diesem Standort beiträgt | ① | ② | ③ | ④ | ⑤ | ? |
| 26. Das Management an diesem Standort verpflichtet die Mitarbeiter zur Qualitätsarbeit | ① | ② | ③ | ④ | ⑤ | ? |

Wie würden Sie die folgenden Aussagen bewerten? *(Wählen Sie nur EINE Antwort pro Frage.)*

| | Sehr gut | Gut | Durchschnittlich | Schlecht | Sehr schlecht | Ich weiß nicht/Nicht zutreffend |
|---|---|---|---|---|---|---|
| 27. Ihren Lohn im Vergleich zu ähnlichen Stellen in Ihrer Stadt | ① | ② | ③ | ④ | ⑤ | ? |
| 28. Ihre Mitarbeiter-Sonderleistungen | ① | ② | ③ | ④ | ⑤ | ? |
| 29. Ihre Arbeitsplatzsicherheit | ① | ② | ③ | ④ | ⑤ | ? |
| 30. Ihre Gelegenheiten in Bezug auf die Weiterentwicklung Ihrer Fähigkeiten und Talente | ① | ② | ③ | ④ | ⑤ | ? |
| 31. Ihre Aussichten auf eine Beförderung | ① | ② | ③ | ④ | ⑤ | ? |
| 32. Flexibilität in Bezug auf das Gleichgewicht zwischen Beruf und Privatleben | ① | ② | ③ | ④ | ⑤ | ? |
| 33. Ihre Gesamtzufriedenheit am Arbeitsplatz | ① | ② | ③ | ④ | ⑤ | ? |

Inwiefern stimmen Sie mit den folgenden Aussagen überein? *(Wählen Sie nur EINE Antwort pro Frage.)*

Ich weiß nicht/Nicht zutreffend
Stimme überhaupt nicht zu
Stimme nicht zu
Stimme weder zu noch nicht zu
Stimme zu
Stimme vollkommen zu

34. Ich würde die Produkte und Dienstleistungen dieses Unternehmens an Freunde und Familie weiterempfehlen ... ① ② ③ ④ ⑤ ⑦
35. Meine persönlichen Wertvorstellungen und die des Unternehmens stimmen überein ... ① ② ③ ④ ⑤ ⑦
36. Ich arbeite sehr gern in diesem Unternehmen ... ① ② ③ ④ ⑤ ⑦
37. Ich würde dieses Unternehmen als einen Arbeitsplatz an meine Familie und Freunde weiterempfehlen ... ① ② ③ ④ ⑤ ⑦
38. Ich würde diesem Unternehmen treu bleiben, auch wenn man mir eine ähnliche Arbeitsstelle mit etwas besserer Bezahlung bei einem anderen Unternehmen anbieten würde ... ① ② ③ ④ ⑤ ⑦

39. **Insgesamt, wie würden Sie dieses Unternehmen als Arbeitgeber im Vergleich zu anderen Unternehmen, die Sie kennen oder für die Sie gearbeitet haben, bewerten?**
*Wählen Sie EINE Antwort.*

① Eines der Besten
② Überdurchschnittlich
③ Durchschnittlich
④ Unterdurchschnittlich
⑤ Eines der Schlechtesten

40. **Wie lange wollen Sie für dieses Unternehmen arbeiten?**
*Wählen Sie EINE Antwort.*

① Weniger als sechs Monate
② Sechs Monate aber weniger als ein Jahr
③ Ein bis zwei Jahre
④ Drei bis fünf Jahre
⑤ Länger als fünf Jahre

Die letzten Fragen dienen ausschließlich Auswertungszwecken. Ihre Antworten bleiben streng vertraulich. Ergebnisse werden nur als Gruppenberichte und nicht als Einzelberichte vorgelegt. **NIEMAND** bei Marriott wird wissen, wie Sie diese Fragen beantwortet haben.

I. **Wie lange haben Sie für dieses Unternehmen gearbeitet?** *Wählen Sie EINE Antwort.*
① Weniger als sechs Monate
② Sechs Monate aber weniger als ein Jahr
③ Ein Jahr aber weniger als drei Jahre
④ Drei Jahre aber weniger als fünf Jahre
⑤ Fünf Jahre oder länger

II. **Ihr Geschlecht?**
*Wählen Sie EINE Antwort.*
① Weiblich
② Männlich

Die folgenden Fragen sollten nur von Mitarbeitern in den USA und KANADA beantwortet werden.

III. **Was ist Ihre Herkunft/Volksgruppe?**
*Wählen Sie EINE Antwort.*
① Afroamerikanisch/Schwarz
② Indoamerikanisch/Alaska-Eingeborene
③ Asiatisch/Pazifische Inseln
④ Spanisch
⑤ Weiss/Kaukasisch
⑥ Andere _____

IV. **Was ist Ihr Geburtsjahr?**

Wenn Sie z.B. im Jahr 1968 geboren sind, würden Sie "68" für das Jahr markieren.

| Jahr | | | |
|---|---|---|---|
| 1 | 9 | | |
| ⓪ | ⓪ | ⓪ | ⓪ |
| ● | ① | ① | ① |
| ② | ② | ② | ② |
| ③ | ③ | ③ | ③ |
| ④ | ④ | ④ | ④ |
| ⑤ | ⑤ | ⑤ | ⑤ |
| ⑥ | ⑥ | ⑥ | ⑥ |
| ⑦ | ⑦ | ⑦ | ⑦ |
| ⑧ | ⑧ | ⑧ | ⑧ |
| ⑨ | ● | ⑨ | ⑨ |

*Danke für Ihre Teilnahme an der Mitarbeiterumfrage*

4

MAKE NO MARKS IN THIS AREA

393542

# Associate Opinion Survey 2004

## Welcome to the Associate Opinion Survey!

Our goal is to take care of associates by continuing to ensure that Marriott is a desirable place to work. To monitor how well we are doing, we would like to get your input through the AOS.

Your input is vitally important, because YOU have a unique perspective on the operations of our business. Your ideas on what we are doing well and where we need to improve are important to making Marriott a great place to work for our associates and a great place to stay for our guests.

## Confidentiality

Taking care of our associates has always been our highest priority and that includes protecting your privacy. The primary purpose of the AOS is to allow us to measure and monitor associate satisfaction. Responses to the AOS are forwarded to a third-party survey company (The Hay Group) in the United States for analysis and follow-up. You are not required to answer questions that ask for personal or sensitive information (for example, your race or gender). However, this information is helpful for resolving issues that may exist among certain groups of associates. Therefore, if you choose to provide personal or sensitive information, you can be assured that it will only be used for classification and research purposes. Results will be reported for groups of people, not for individuals. The Hay Group will keep your responses to this survey strictly confidential. NO ONE at Marriott will know how you responded to any question. If you have any concerns about the privacy of your survey responses, please contact us at privacy@marriott.com.

---

To complete the survey online, please type the following URL into your
Internet browser's address line: **https://extranet.marriott.com/aos/run/marriott2004AOS**
When prompted, enter the six-digit AOS Access Code at the right.

| **305687** |

Instructions

1.  Please read each question carefully. There are no right or wrong answers. The best answer is your honest opinion. For each of the questions, please mark the **ONE** response that best represents your opinion.

2.  Refer to the Definition of Terms provided by your survey administrator when answering any questions with terms that may be unfamiliar to you.

3.  It will take approximately **30 minutes** to complete the entire survey.

### Marking Instructions

When answering the survey questions, please:
- Use a pencil.
- Make solid marks that fill the circle completely.
- Make no stray marks on the survey.
- Do not fold or tear the survey.
- Choose only one answer for each question.
- If you change an answer, please erase *completely*.
- If a question does not apply or you do not know how to answer, simply select the choice labeled "Don't Know/Not Applicable".

`NO. 2 PENCIL ONLY`

⬤ **Correct Mark**              **Incorrect Marks**

1

MAKE NO MARKS IN THIS AREA

## DEPARTMENT CODE

Please write in the 6-digit code that corresponds with your department, for example, 123456. Then fill in the matching circle below each box. (Refer to the department list provided by your survey administrator.)

A. **In which department do you currently work most often** (where you work most or all of your hours)?

| ⓪ | ⓪ | ⓪ | ⓪ | ⓪ | ⓪ |
| ● | ● | ● | ① | ① | ① |
| ② | ② | ② | ② | ② | ② |
| ③ | ③ | ③ | ③ | ③ | ③ |
| ④ | ④ | ④ | ④ | ④ | ④ |
| ⑤ | ⑤ | ⑤ | ⑤ | ⑤ | ⑤ |
| ⑥ | ⑥ | ⑥ | ⑥ | ⑥ | ⑥ |
| ⑦ | ⑦ | ⑦ | ⑦ | ⑦ | ⑦ |
| ⑧ | ⑧ | ⑧ | ⑧ | ⑧ | ⑧ |
| ⑨ | ⑨ | ⑨ | ⑨ | ⑨ | ⑨ |

## JOB TYPE

Please write in the 2-digit code that corresponds with your job type, for example, 12. Then fill in the matching circle below each box. (Refer to the job type list provided by your survey administrator.)

B. **Please indicate your job type:** (Select the ONE best response.)

| ⓪ | ⓪ |
| ① | ① |
| ② | ② |
| ③ | ③ |
| ④ | ④ |
| ⑤ | ⑤ |
| ⑥ | ⑥ |
| ⑦ | ⑦ |
| ⑧ | ⑧ |
| ⑨ | ⑨ |

## ABOUT YOUR PROPERTY

How would you rate your property on each of the following? *(Mark ONE answer for **each** question numbered below.)*

Scale: Very Good / Good / So - So / Poor / Very Poor / Don't Know/Not Applicable

1. Cooperation and teamwork among associates **within** your department
2. Cooperation and teamwork **between** departments
3. Making an effort to get the ideas and opinions of associates
4. The quality of service this property provides to guests
5. Providing the same level of service to guests regardless of differences in race, gender, or personal background

## CUSTOMER FOCUS

How strongly do you agree or disagree with each of the following? *(Mark ONE answer for **each** question numbered below.)*

Scale: Strongly Agree / Agree / Neither Agree Nor Disagree / Disagree / Strongly Disagree / Don't Know/Not Applicable

6. My co-workers make extra efforts to help our property be successful (for example, volunteering to help others, suggesting ways to improve guest service, working extra hours when needed, etc.)
7. My co-workers make personal efforts to improve their skills so they are able to do their jobs better
8. This property does a good job of **hiring** high quality associates
9. This property does a good job of **keeping** high quality associates
10. The people I work with are my friends in addition to co-workers
11. Management at this property understands and appreciates the differences among associates (for example, differences in race, gender, or personal background)

How strongly do you agree or disagree with each of the following? *(Mark ONE answer for **each** question numbered below.)*

Scale: Strongly Agree / Agree / Neither Agree Nor Disagree / Disagree / Strongly Disagree / Don't Know/Not Applicable

12. I know what is expected of me in my job to help this property satisfy our guests
13. I am kept informed of how guests rate the quality of service at this property
14. I have the authority to make decisions and take action to satisfy our guests
15. My co-workers interact well with guests (for example, greet guests with a smile, speak to guests politely, offer help, etc.)

2

## IMMEDIATE SUPERVISOR

'IMMEDIATE SUPERVISOR' refers to the person to whom you report or the person to whom you report MOST OFTEN, if you sometimes report to different supervisors. Your immediate supervisor is very likely the person who performs your job performance evaluation, makes sure you do your job well, and to whom you would go for guidance.

How would you rate your immediate supervisor on each of the following? *(Mark ONE answer for* **each** *question numbered below.)*

| | Very Good | Good | So - So | Poor | Very Poor | Don't Know/Not Applicable |
|---|---|---|---|---|---|---|
| 16. Treating you with respect as an individual | ① | ② | ③ | ④ | ⑤ | ⑦ |
| 17. Dealing fairly with everyone – playing no favorites | ① | ② | ③ | ④ | ⑤ | ⑦ |
| 18. Providing you with clear and regular performance feedback that helps you do your job better | ① | ② | ③ | ④ | ⑤ | ⑦ |
| 19. Providing recognition when you do a good job | ① | ② | ③ | ④ | ⑤ | ⑦ |
| 20. Giving you guidance on developing your career with this company | ① | ② | ③ | ④ | ⑤ | ⑦ |

## GETTING THE JOB DONE

How strongly do you agree or disagree with each of the following? *(Mark ONE answer for* **each** *question numbered below.)*

| | Strongly Agree | Agree | Neither Agree Nor Disagree | Disagree | Strongly Disagree | Don't Know/Not Applicable |
|---|---|---|---|---|---|---|
| 21. I have the supplies, tools, and equipment I need to do my job effectively | ① | ② | ③ | ④ | ⑤ | ⑦ |
| 22. I receive the information I need to do my job well | ① | ② | ③ | ④ | ⑤ | ⑦ |
| 23. I have received adequate training to do my daily job tasks well | ① | ② | ③ | ④ | ⑤ | ⑦ |
| 24. My job makes good use of my skills and abilities | ① | ② | ③ | ④ | ⑤ | ⑦ |
| 25. I understand how my job contributes to this property's overall goals and objectives | ① | ② | ③ | ④ | ⑤ | ⑦ |
| 26. Management at this property holds associates responsible for doing high quality work | ① | ② | ③ | ④ | ⑤ | ⑦ |

## REWARD AND TREATMENT

How would you rate each of the following? *(Mark ONE answer for* **each** *question numbered below.)*

| | Very Good | Good | So - So | Poor | Very Poor | Don't Know/Not Applicable |
|---|---|---|---|---|---|---|
| 27. Your pay compared to similar jobs in this city | ① | ② | ③ | ④ | ⑤ | ⑦ |
| 28. Your overall associate benefits package | ① | ② | ③ | ④ | ⑤ | ⑦ |
| 29. Your job security | ① | ② | ③ | ④ | ⑤ | ⑦ |
| 30. Your opportunity to develop new skills and talents | ① | ② | ③ | ④ | ⑤ | ⑦ |
| 31. Your opportunity for advancement | ① | ② | ③ | ④ | ⑤ | ⑦ |
| 32. The flexibility you have to balance your work and family life | ① | ② | ③ | ④ | ⑤ | ⑦ |
| 33. Your overall job satisfaction | ① | ② | ③ | ④ | ⑤ | ⑦ |

## COMPANY OVERALL

How strongly do you agree or disagree with each of the following? *(Mark ONE answer for **each** question numbered below.)*

Don't Know/Not Applicable
Strongly Disagree
Disagree
Neither Agree Nor Disagree
Agree
Strongly Agree

34. I would recommend this company's products and services to family and friends — ① ② ③ ④ ⑤ ⑦
35. There is a good fit between my values and those of this company — ① ② ③ ④ ⑤ ⑦
36. I am proud to work for this company — ① ② ③ ④ ⑤ ⑦
37. I would recommend this company to family or friends as a place to work — ① ② ③ ④ ⑤ ⑦
38. I would stay with this company even if offered the same job with slightly higher pay at another company — ① ② ③ ④ ⑤ ⑦

39. **Overall, how would you rate this company as a place to work compared to other companies you know about or have worked for?** *Select ONE answer:*
   - ① One of the Best
   - ② Above Average
   - ③ Average
   - ④ Below Average
   - ⑤ One of the Worst

40. **How long do you plan to continue working for this company?** *Select ONE answer:*
   - ① Less than 6 months
   - ② 6 months but less than 1 year
   - ③ 1 to 2 years
   - ④ 3 to 5 years
   - ⑤ More than 5 years

## DEMOGRAPHICS - This Section is Optional

The last few demographic questions are for classification and research purposes only. Your answers will remain strictly confidential. Results will be reported for groups of people, not for individuals. **NO ONE** at Marriott will know how you responded to any question.

I. **How long have you worked for this company?**
*Select ONE answer.*
   - ① Less than 6 months
   - ② 6 months but less than 1 year
   - ③ 1 year but less than 3 years
   - ④ 3 years but less than 5 years
   - ⑤ 5 years or more

II. **What is your gender?**
*Select ONE answer.*
   - ① Female
   - ② Male

The following questions should be answered by associates in the CONTINENTAL U.S. AND CANADA PROPERTIES ONLY.

III. **What is your race/ethnicity?**
*Select the ONE best response.*
   - ① African American/Black
   - ② American Indian/Alaska Native
   - ③ Asian/Pacific Islander
   - ④ Hispanic
   - ⑤ White/Caucasian
   - ⑥ Other_____

IV. **What is your birth year?**

For example, if you were born in 1968, you would mark "68" for the year.

| Year | | | |
|---|---|---|---|
| **1** | **9** | | |
| ⓪ | ⓪ | ⓪ | ⓪ |
| ● | ① | ① | ① |
| ② | ② | ② | ② |
| ③ | ③ | ③ | ③ |
| ④ | ④ | ④ | ④ |
| ⑤ | ⑤ | ⑤ | ⑤ |
| ⑥ | ⑥ | ⑥ | ⑥ |
| ⑦ | ⑦ | ⑦ | ⑦ |
| ⑧ | ⑧ | ⑧ | ⑧ |
| ⑨ | ⑨ | ● | ⑨ |

*Thank you for participating in the AOS.*

4

MAKE NO MARKS IN THIS AREA

305687

## Anhang I

Der Leistungs-Zufriedenheits-Motor

(Borg, 2003, S.113)

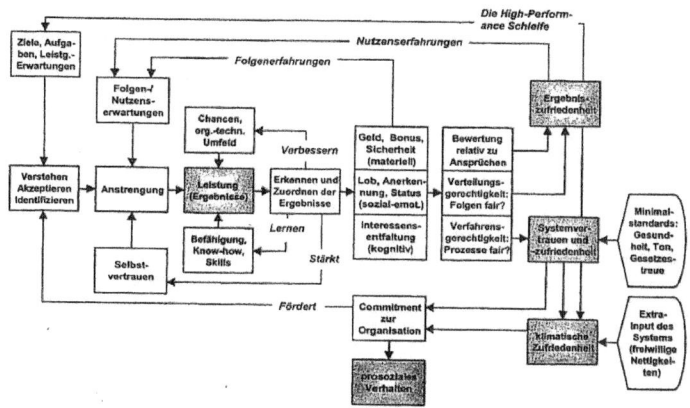